广西高校人文社会科学重点研究基地基金资助

珍珠球运动进攻技战术训练

汪明海 著

郑州大学出版社

图书在版编目（CIP）数据

珍珠球运动进攻技战术训练 / 汪明海著. — 郑州：郑州大学出版社，2021.12

ISBN 978-7-5645-8452-8

Ⅰ. ①珍… Ⅱ. ①汪… Ⅲ. ①满族 - 民族形式体育 - 运动训练 - 中国 Ⅳ. ①G852.9

中国版本图书馆 CIP 数据核字（2021）第 259136 号

珍珠球运动进攻技战术训练

ZHENZHUQIU YUNDONG JINGONG JI ZHANSHU XUNLIAN

策划编辑	李同奎	封面设计	张　涓
责任编辑	胡倍阁	版式设计	大豫出书网
责任校对	李同奎	责任监制	凌　青　李瑞卿

出版发行	郑州大学出版社有限公司	地　址	郑州市大学路 40 号（450052）
出 版 人	孙保营	网　址	http://www.zzup.cn
经　销	全国新华书店	发行电话	0371-66966070
印　刷	新乡市豫北印务有限公司印刷		
开　本	787 mm×1 092 mm　1/16		
印　张	12.5	字　数	220 千字
版　次	2021 年 12 月第 1 版	印　次	2021 年 12 月第 1 次印刷

书　号	ISBN 978-7-5645-8452-8	定　价	58.00 元

前　言

民族传统体育是人类体育文化的一个重要组成部分。它既是一种带有民族特点的文化形式的表现，又是一种颇具传统色彩的文化形态。它既是人类体育文化的组成部分，又是民族传统历史文化的重要内容。作为一种体育文化，它应是不同的民族有目的地、能动地改造人类社会及人类自身的一种客观物质活动；作为一种民族的传统文化，它应具有作为一种文化形态自身的形成、发展及生存的历史过程，具有属于其自身的突出而丰富的科学内涵和与其他相关文化形态相融、相隔的文化限定。珍珠球运动是民族传统体育的重要项目之一，在 1986 年的第三届全国少数民族传统体育运动会上，珍珠球首次亮相。1988 年北京举办了首届珍珠球邀请赛，并正式命名为“珍珠球”。1991 年在广西南宁举办的第四届全国少数民族传统体育运动会上，珍珠球被列为正式比赛项目。2008 年 6 月，满族珍珠球被列入第二批国家级非物质文化遗产名录。

珍珠球是中国满族人民传统的体育项目，它来源于满族民间的生产劳动——采珍珠。最初珍珠球只在满族民间广泛流传，但随着满族人分居于各地，珍珠球活动也传入了汉族杂居的地方，慢慢演变成采用小球进行攻防结合的传统体育项目。珍珠球运动作为全国民族运动会“压轴”比赛项目，是赛事时间最长、参与人数众多、备受观众追捧、比赛氛围火爆的热门项目，也是非常适合在普通民众中普及和推广的项目。珍珠球运动具有很强的观赏价值、强身健体价值和教育价值，创新发展珍珠球是珍珠球运动系统化传承的需要，是全民健身的需要，也是民族传统体育文化育人的需要。

2009—2016 年大学和研究生求学期间，我有幸加入丁仁涛副教授率领的珍珠球队，代表郑州大学体育学院夺得 2010 年和 2014 年两届河南省少数民族传统体育运动会珍珠球比赛一等奖，代表河南省夺得 2014 年全国珍珠球邀请赛一等奖。通过系统的学习、训练和比赛，我积累了很多珍珠球比赛实战经验。2013—2016 年研究生期间，师从张学领教授，我被导师的篮球训练理念深深吸引。他毫无保留地奉献所凝练的全部篮球知识，他强调篮球战术体系，特别是他本土化了的奈·史密斯篮球名人纪念堂教练约翰·卡利帕里的运球突破移动进攻技战术体系。发展是马克思主义的基本范畴之一，合理迁移篮球技术到珍珠球是创新发展的重要路径，故回顾近年来参赛、教学和带队中的体会，我认为珍珠球战术配合是球队水平高低的重要标志，运球突破技战术是球队获胜的法宝，完整的训练体系能够帮助球队取得理想成绩，篮球运球突破移动进攻战术体系高度契合珍珠球制胜规律。

本书通过介绍珍珠球运动进攻技战术体系的理论和内容，主要研究了珍珠球运动发展历史、技术基础理论、基础进攻技术和运球突破移动进攻个人突破技术、球队战术配合、训练方法以及比赛实战总结等内容，旨在抛砖引玉，为珍珠球进攻技战术系统的创新发展提供一个思路，提供一点帮助。

本书在筹备和撰写过程中得到了郑州大学体育学院张学领教授、张红学教授、丁仁涛副教授、黄伟副教授的悉心指导，得到了百色学院刘其龙教授、赵瑞朋副教授、朱敬敬老师等的大力支持，在此表示衷心感谢！本书部分技术动作方面借鉴了篮球训练师泰勒·勒夫等人的教学内容。另外，对本书主要参考文献的作者以及为本书撰写提供参考资料的各界人士表示衷心感谢！

研究珍珠球进攻技战术体系是一个长期探索的过程，需要从不同角度进行科学分析和准确判断，由于本人研究能力有限，撰写论证难免会出现纰漏和不妥之处，恳请广大读者和专家批评指正！

汪明海

2021 年 2 月

图例说明

本书中设计的图例如下：

①	1号持球/运球队员
1	1号进攻队员
x1	1号防守队员
c	教练员
——┤	掩护
------▶	传球/拨球
——▶	移动
∿∿∿▶	运球

目　录 CONTENTS

第一章 绪 论

党的十九大作出中国特色社会主义进入新时代的科学论断，我国的主要矛盾已经转化为人民日益增长的美好生活需要和不平衡不充分发展之间的矛盾，不可否认人们对健康生活方式期盼与体育健身发展间的矛盾日渐凸显。习近平论述到，体育在提高人民的身体素质和健康水平，促进人的全面发展，丰富精神文化生活，推动经济发展，激励全国各族人民弘扬追求卓越，突破自我的精神方面，有着不可替代的作用。十九大报告强调，广泛开展全民健身活动，加快推进体育强国建设。国家体育总局与国家民委发布的《关于进一步加强少数民族传统体育工作的指导意见》指出要繁荣发展少数民族传统体育。然而民族传统体育发展滞后于人民的需求，落后于政府文件精神，未尽到应有的义务。多位专家学者对民族传统体育提出切实可行的建议和策略，国家体育部门也对民族传统体育的传承和发展做出了积极的工作，但是其效果并不能满足人们健身和文化娱乐活动的需求。

在第十一届全国少数民族传统体育运动会上汪洋指出，民族传统体育运动会是保护和发展少数民族传统文化的重要举措，是促进各民族交往交流交融的重要平台，是创新推进民族团结进步事业的重要抓手，是党的民族政策优越性的重要体现。

全国民族运动会“压轴”比赛——珍珠球，是赛事时间最长，参与人数众多，备受观众追捧，比赛氛围火爆，非常适合在普通民众中普及和推广的热门项目。珍珠球运动并不像它的名字一样美丽温婉，相反其实是异常激烈的。珍珠球在水区的运动与篮球、手球运动有一定的共性，而在封锁区的持拍防守队员又具有足球守门员和排球拦网队员的特点，运动员需要不停地运用加速冲刺、急停、转身、变向、变速、跳起等技术动作来配合全场快节奏的攻防战术，对运动员的速度、力量、耐力、协调、柔韧等身体素质都有极高的要求，也因而具有较强的观赏性。

发展珍珠球项目需要从基础性技术、战术的研究开始，才能夯实珍珠球发展的基础，也是使珍珠球运球更具观赏性、竞技性的关键所在。珍珠球运球类似篮球、手球，技战术风格逐渐被专家、学者及教练员们所重视，但是其发展较晚，普及、开展不足，研究人员缺乏等原因，以技战术风格体系化的研究现在十分欠缺。本书通过介绍珍珠球运动的进攻理论和基础技术，运球突破移动进攻战术体系的基本原则、突破技术、基础战术、训练方法，以及教练员和队员比赛实战总结，旨在为珍珠球运动奠定良好的基础。

第一节　珍珠球运动历史沿革

珍珠不仅象征着珍贵、富有、光明和幸福，还寓意着纯洁，是由满族先祖采珍珠的劳动演变而来的。据《清朝文献通考》记载与其他考证，珍珠球的流传距今已有400多年的历史。最初珍珠球只在满族民间广泛流传，但随着满族人分居于各地，珍珠球活动也传入了汉族杂居的地方，慢慢演变成以小球进行攻防结合的传统体育项目。在康乾盛世时期，珍珠球变成了八旗官兵和寻常老百姓喜爱的项目，但是珍珠球在晚清时期临近失传。改革开放后，国家重视民间民俗体育，专家学者对珍珠球进行了挖掘整理，还根据篮球规则制定了珍珠球的竞赛规程。珍珠球在1991年广西壮族自治区举办的第四届全国少数民族传统体育运动会上被列为正式比赛项目，这也是为它在全国发展奠定了基础。而随着社会的不断发展，珍珠球的竞赛规程不断地改进，现今它在全国各省市普及，我国各大高校积极开展珍珠球课程教学和组建运动训练队。珍珠球运动作为一种民族特色，对于传承中国传统文化有着积极的影响，目前已经入选国家非物质文化遗产。

自1991年珍珠球被确立为正式比赛项目，从历届的比赛发展趋势来看，珍珠球参赛队伍和水平均在逐渐提升，是众多比赛项目中观众数量最多之一。《珍珠球竞赛裁判法》是结合篮球运动项目和手球运动项目的特点而制定，特别是水区的传球、运球和投球与篮球运动规则基本契合一致。

第二节　珍珠球运动的价值

《全民健身计划纲要》中指出“积极发展少数民族体育，在民族地区广泛开展以少数民族传统体育项目为主的体育健身活动”，民族传统体育一则源于生活具有很强的韧性和生命力，二则富含时代价值，三则肩负文化复兴重任，理应成为全民健身重点推广项目。体育的价值已经日渐成为各国政治较量的一种方式，各国在热门竞技项目上狠下功夫并争先恐后发展本国体育项目，一则展现本国体育实力，二则宣传本国体育文化，多方位进行文化外输。连绵五千年的中国史，也是世界上唯一延续不断地文明古国，蕴藏着内涵丰富且无可替代的民族传统体育项目。民族传统体育文化既是一种带有民族特点的文化形式的表现，又是一种颇具传统色彩的文化形态。它不仅是人类体育文化的组成部分，也是民族传统历史文化的重要内容，具有以下价值。

一、观赏价值

珍珠球运动水区队员的攻守是攻守矛盾同时存在的同场对抗性项目，需要参赛的球员有很强的身体素质，随时可以进行快速奔跑，以及突然的起跳，当然还需要敏锐的洞察力和敏捷的反应能力，在全场攻防对抗中尽显运动之美。两名挡板队员在所属的封锁区配合移动，利用挡板封锁来球，拦截水区队员的投球，使比赛在呈现矛盾对抗之美。挡板队员如同钢铁战士，随时抵御外来的投球，防止己方的家被对方袭击。抄网队员争取稳稳抄中经过重重堵截的球，为己方添加胜利的砝码。三类不同的位置队员，各司其职各具特色，增添了比赛的多样性，使比赛充满了刺激和乐趣。珍珠球运动强调团队合作精神，没有严密默契的团队合作就不会取得好的成绩，只靠个人的力量赢不了比赛的。珍珠球运动对观众来说更是一场有趣的可观赏性的体育赛事，当球场上出现巧妙的传球，天衣无缝的配合，以及机智的抢断、精彩的分球和投中 2 分球的时候，会极大地满足观众的心理需求，能给观众带来一种视觉上的享受和精神上的愉悦。

二、强身健体价值

珍珠球运动是综合的非周期性集体运动，其技术、战术系统的实践操作与实践运用过程，是通过在对抗变化着的特定时间、位置、距离、场地、设施、环境条件要求下，运用跑、跳、投等手段来完成的。在这一过程中，无论智力、生理、心理都要承受各种复杂因素的影响。因此，科学地参加珍珠球活动，能够很好地锻炼观察能力和判断能力，对提高人体内脏器官与感受器官的功能和中枢神经系统的支配能力、增进健康、提高身体素质、促进心理修养、培养集体主义精神等都有积极的作用。

三、育人价值

少数民族传统体育是民族精神的象征，珍珠球的教育价值主要体现在与生产生活密不可分，活动形式成为教育的主要手段和方法，在历史的发展过程中发挥着积极重要的作用。通过对珍珠球运动的学习，让学生了解我国少数民族存在着多种多样的民族文化，增强文化自信，树立民族自豪感，增强民族凝聚力，加强民族团结，弘扬民族精神。同时，通过参与珍珠球比赛，可以有效强化参与者的拼搏意识，敢于进取，学会尊重规则，尊重对手，使竞争心态更为健康，实现身体和个性的健康发展。

四、凝聚各族人民价值

珍珠球运动参赛队员人数众多，为各族各族人民同场竞技提供了更多机会，也为各族人民深入交流提供大舞台。各族人民在参与珍珠球运动中不断感受传统文化带来的碰撞和认同，使人民自觉强化社会集体意识，增进交流，增强社会群体之间的凝聚力。珍珠球运动是民族优秀文化的象征，寓意着人们对美好生活的追求和向往，时刻提醒着人们要紧紧围绕在党中央周围，只有各民族人民共同团结奋斗、繁荣发展，铸牢中华民族共同体意识，像石榴籽一样紧紧抱在一起，才能获得美好、健康、稳定、安全的生活。珍珠球运动对抗激励、打法多样、内涵丰富，需要参与的人群发挥强劲的体能和高超的智慧才能有所斩获，激励人们在各个岗位上艰苦奋斗团结奋进，共同捧起民族团结的"最高奖杯"，为实现中华民族伟大复兴的中国梦不懈奋斗。

第三节　珍珠球运动的挑战和机遇

一、珍珠球运动面临多种挑战

首先，学校传统体育教育体系欠缺，我国的教育体制以及课程的设计是参考国外的课程，以足球、篮球和田径科目为主，缺少中国民族传统文化的内核，不利于我国民族传统文化的发扬光大。其次，外国体育文化入侵严重，如 NBA、世界杯的体育赛事在国内的大范围转播，球迷越来越多，受到很多国外文化影响，造成了部分球迷过度崇拜外国体育文化。再次，交通高速发展和经济分布的不均匀，造成了人口的流动性增加不利于地方文化的传播。例如，快速城镇化造成乡村文化快速衰落，导致很多民族传统体育未得到很好的保护和发展。

二、体系化传承挑战

习近平总书记多次讲话中强调坚持系统观促进社会发展，指导着中华优秀传统文化传承体系建设，为珍珠球体系化传承指明了方向。珍珠球的健身功能、文化功能、政治功能、民族治理功能更加凸显。如何通过有效的衔接把各种价值都淋漓尽致地展现出来，体系化传承为民族传统更好地走进千家万户，成为人们爱不释手的体育运动，有效释放价值提供了方向。目前学者研究传承与发展的方法较多，而研究具体项目的技战术甚少，究其原因一则高水平民族体育运动员很少做研究发表论文，做教练后大都依靠经验示范、讲述给队员，二则学者有所忽视技术、战术的研究，更多专注理论研究。珍珠球是集体性复杂项目，一名抄网得分队员，两名挡板队员，四名水区队员，外加七名替补队员，水区队员与抄网队员通力合作才能穿越挡板队员的封堵，然后抄网队员对投出的高球、低球、近端反弹球、远端反弹球采用不同技术进行抄球得分。比赛场上的每次得分都需要全队在场下反复练习，体系化的技战术训练为充分展示运动员的快、准、敏、稳的特点提供更多可能，而且能让训练和比赛妙趣横生富有内涵。

三、助力全民健身的机遇

全面贯彻党的十九大精神和习近平新时代中国特色社会主义思想，落实中央民族工作会议和全国卫生与健康大会精神，按照《全民健身条例》《关于加强和改进新形势下民族工作的意见》《“健康中国2030”规划纲要》《全民健身计划（2016—2020年）》《“十三五”促进民族地区和人口较少民族发展规划》和《中华人民共和国国民经济和社会发展第十四个五年规划纲要》总体要求，坚持“推动民族团结进步、促进群众身心健康”的宗旨，结合实施全民健身“六个身边”工程，推进少数民族传统体育文化传承发展，加强少数民族传统体育理论建设，改革完善少数民族传统体育运动会组织管理，建设少数民族传统体育基地，丰富少数民族传统体育活动，促进全民健身和全民健康深度融合，不断满足人民日益增长的美好生活需要，为促进各民族交往交流交融，加快推进社会主义文化强国、体育强国建设发挥重要作用。

四、体育文化复兴的机遇

《中共中央关于制定国民经济和社会发展第十四个五年规划和二〇三五年远景目标的建议》中提出将文化产业发展为国民经济支柱性产业，少数民族传统体育作为民族特色的健康产业，理应肩负起为促进国民经济繁荣发展和提升人民健康的重任。迎接新中国伟大文化复兴的机遇，民族传统体育着重审视自身发展，取其精华，去其糟粕，跟着世界的潮流进行创新和构建，努力挖掘各种价值，顺应社会条件和人们的生活方式，朝着对促进社会和谐发展的方向奋力前进。民族传统体育的传承需要进行体系化发展，从号召群众积极响应，提升健康意识，将民族传统体育融入学校体育、群众体育，打造产业化的民族传统体育运动赛事等来狠抓落实。珍珠球运动同样需要体系化发展才能跟上时代的步伐，促进其文化、内涵、功能及民族性质被广大人民所接受，并逐渐成为一种人民健康生活不可或缺的文化活动。珍珠球的发展需要政府部门支持，成立珍珠球单项联合会、珍珠球协会，利用民族节庆活动、民族传统体育传承人和学校共同传承和发展。最基础的是加强珍珠球运动的基础性研究，建立优秀珍珠球课程，培养一批具有高水平珍珠球教师和教练员。同时加强国际交流，对外推广珍珠球运动，弘扬中国的传统文化，让更多人了解和支持珍珠球运动的发展。做到着眼当下，立足自身发展，展望国际舞台，构建民族体育文化自信。

第二章　珍珠球技术基础理论

第一节　珍珠球运动项目介绍

一、珍珠球运动规则简介

珍珠球场以篮球场为依托，长 28 米、宽 15 米。以端线向内依次为，得分区 0. 8×15 米，隔离区 0. 4×15 米（如用线条，线条包括在该区域范围内），封锁区 1. 0×15 米，限制区 0. 8×15 米（如用线条，线条包括在该区域范围内），水区 22×15 米。珍珠球的外壳用皮革或橡胶制成，内装有球胆，表面为珍珠（白）色，球的圆周长 54～56 厘米，重量 300～325 克。一个符合比赛标准的用球是当球充气后从 180 厘米（球的底部量起）的高度自由落地，反弹起的高度不能低于 120 厘米也不能高于 140 厘米（球的顶部量起）。水区内双方各有四名队员进行以争夺球、控球权和投球得分为主要目的的攻守交替，进攻者可将球向任何方向传、拍、滚、运，目的是向抄网投球并得分，而防守队员想方设法从对手抢获控球权。比赛分上下两个半时，每半时 15 分钟，两半时中间休息 10 分钟。该队应在 25 秒内投球完成并入抄网得分，即水区球员一次控球期为 23 秒左右，投球飞行入网时间计算在 25 秒内。

珍珠球的规则是依据篮球、手球的规则制定而来，水区的进攻和篮球、手球的进攻有一定的共性，队员通过投、跑、跳等手段进行对抗性强的比赛，这就要求水区队员技术全面，能攻善防，善于协作配合。在封锁区的防守队员和足球守门、排球拦网有一定的相似，抄网队员如同移动的篮筐。比赛由两个队参加，每队上场七名队员，水区四名队员，封锁区两名挡板队员，得分区一名抄网队员。防守队员目的是堵截进攻队员进攻；挡板队员手持两个挡板，用挡板封挡、拦截由水区进攻队员向得分区投射的球，以阻止进攻队得分；抄网队员试图用抄网抄中本方水区队员投射来的球，比赛结束时得分多者为胜。珍珠球与篮球和手球很相似，水区防守往往采用全场紧逼，稍微有一丝放松对手就能轻易地投球得分。这就要求各位参赛选手技术全面，身体素质过硬，在赛场上全力发挥并展现珍珠球竞赛之美。比赛中需要队员灵活利用自己的身体和技术，执行球队战术配合，争取更多的得分并限制对手得分，从而取得比赛胜利。个人技术和球队战术相辅相成，优秀的个人技术为球队战术打下良好基础，球队战术为个人技术提供更好的施展途径。训练有素的队伍技战术打法丰富多彩，挡板队员发球参与配合，水区队员攻防对抗快速转换，抄网队员呼应灵活移动，全队协同默契配合，使珍珠球比赛具有很强的观赏性和趣味性。

二、珍珠球运动技战术特征

由于珍珠球比篮球的直径要小，在运球、传球和投球就会有别于篮球，变化出新的攻守矛盾。珍珠球的技术习得相对篮球的球性更加困难，但是一旦掌握技术后就会突出珍珠球的隐蔽性，使防守队员难以抢断。进攻队员为了提高投球命中率，会有目的性地把球推进靠近水区端线的位置进行投球，虽然珍珠球的进攻命中率与进攻距离之间的关系并不大，但空位投球永远是高命中率的有效保障。珍珠球的进攻特征决定着珍珠球的战术配合特点。

珍珠球战术强调个人扎实的基本功，具备良好的运球能力、传球能力和投球能力，灵敏多变的进攻意识，健壮有力的身体对抗能力，攻守转换的转换进攻意识。团队基础掩护配合、传切配合、策应配合和突破分球配合是珍珠球场上的四种基础配合，每一种基础配合都具有独特的进攻效果。珍珠球变化多样的掩护配合是进攻的重要内容，传切配合能创造出其不意的进攻效果，策应配合能够很好控制比赛节奏，突破分球配合常常是打出精彩2分球的关键。攻守矛盾是同时存在的，技战术都有不同特征，采用合理的配合必然会达到高效的进攻效果。全队战术配合在快速发展珍珠球运动中逐渐拓展开来，体系化的训练模式以求形成不同的技战术风格成为未来发展的趋势。

第二节　珍珠球比赛制胜因素分析

根据珍珠球的运动特点和规则可知，珍珠球不仅需要水区队员传、运、投球保持良好的效率，同时需要抄网队员有精湛的技术和良好的心态保持高效的得分率。美国著名篮球数据分析师奥利弗研究认为有效投球命中率、进攻篮板球率、失误率和罚球率四个深层技术指标对比赛的胜负起到了关键性的作用。综合珍珠球和篮球的技术特点和多年参赛及带队比赛的经验认为，珍珠球有效投球命中率、水区失误率、抄网得分率和罚球率是珍珠球的制胜“四因素”，如果能透彻的分析这四个指标在比赛中的作用，对赢得比赛有着重要的意义，在日常训练中应该重视这四个因素，提高训练效果。

一、有效投球命中率

珍珠球有效投球命中率是由1分投球命中率和2分投球命中率组合而成，同样投球1次，得2分的价值大于1分的价值。如：甲队员投4次球，命中4个1分球，得4分，投球命中率为100%；乙队员同样投4次球，命中2个2分球，得4分，命中率为50%，显然甲乙二人效率是一样的，所以要把2分球命中数乘以权重值2。

珍珠球有效投球命中率=（1分命中数+2分命中数＊2）/投球总次数

明确了有效投球命中率，日常训练和比赛中更加注重投球的效率产出，结合球队的特色针对性训练，提升球队的有效投球命中率，从而提升球队进攻效率。

二、水区失误率

水区失误率对应篮球场上失误率，由出界、被抢断球、违例、投球被挡板拦截和投球明显超过抄网队员的能力范围的投球组成。篮球中罚球有一次、两次和三次，所以需要加权处理，而珍珠球只有一次罚球，如果忽略为数不多的违反体育道德犯规、技术犯规、黄牌、红牌犯规，可以认为一次罚球相当于一次控球权的转换。

水区失误率=水区失误次数/（投球次数+罚球+水区失误次数）

水区失误率反映出队员对技战术的应用能力和全队配合能力。比赛中尽量避免被对手抢断，同时积极选择良好空位投篮机会，减少勉强投篮选择，进而运用合理投篮技术穿透或绕过挡板队员的堵截。

三、抄网得分率

抄网得分率是抄网次数减去抄网失误次数与抄网次数的比值，其中抄网失误是指投球队员投的球比较合理，能够运用抄网技术抄到的球，主要因为抄网队员的技术动作不到位等原因造成的失误。

抄网得分率=（抄网次数-抄网失误次数）/抄网次数

抄网得分率更能显现抄网队员的真实能力，例如：甲抄网队员抄网10次，抄中9次，抄网等分率为90.0%；乙抄网队员抄网10次，抄中8次，抄网得分率为80.0%，数据明显表明甲队抄网效率更高，特别是比赛最后几分钟的抄网得分率更具价值。所以，日常训练中要非常重视抄网队员的技战术能力和心理素质。

四、罚球率

罚球数能够说明球队的制造犯规能力，体现一支球队的运球突破水平，但是比赛的节

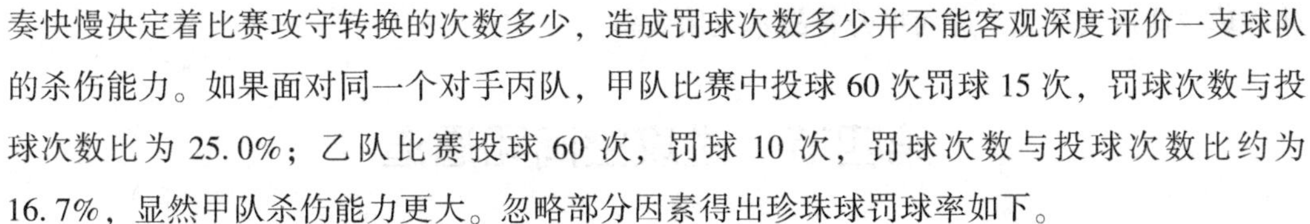

奏快慢决定着比赛攻守转换的次数多少，造成罚球次数多少并不能客观深度评价一支球队的杀伤能力。如果面对同一个对手丙队，甲队比赛中投球 60 次罚球 15 次，罚球次数与投球次数比为 25.0%；乙队比赛投球 60 次，罚球 10 次，罚球次数与投球次数比约为 16.7%，显然甲队杀伤能力更大。忽略部分因素得出珍珠球罚球率如下。

罚球率 = 罚球次数/投球次数

通过罚球率更加深入了解一支球队的杀伤能力，当具备了杀伤力就具备了胜利的法宝，所以训练和比赛中要注重队员制造犯规的能力。

第三节　进攻原则

珍珠球球体较小，运球传球技术比较难以掌握，进攻的方向更加宽阔，水区相当于橄榄球缩小版进攻区域，对队员的跑动能力和基本功要求非常严格。进攻中，队员常常采用连续运球突破对方的防线，运用传球、快速跑动和各种假动作打乱对方的防守部署，进而创造高效的投球选择。经过对珍珠球进攻系统研究，总结进攻原则如下：

（1）坚决执行快攻。

（2）快攻不成立即展开转换进攻。

（3）首先寻找投 2 分球机会。

（4）左右传球迫使挡板队员移动。

（5）水区队员充分拉开空间。

（6）连续运球突破分球。

（7）掩护配合必不可少。

（8）以攻为守。

（9）多切入，切入假动作方向与目的方向成直角。

（10）左右两侧同时保持进攻威胁。

（11）全员参与水区进攻，控球后卫、得分后卫、前锋、中锋都要是全队的得分点，要主动分担得分任务。控球后卫、得分后卫和前锋队员需要能胜任控球后卫、得分后卫和前锋三个位置技术，前锋和中锋队员需要能胜任前锋和中锋两个位置技术，挡板队员和抄网队员能够临时互换。

（12）最后也是最关键的是强调全队战术配合，高效的配合一方面能获得良好投篮空间，另一方面能晃开防守队员及挡板队员，获得 2 分投球机会，可以说配合是进攻的最好法宝。

掌握进攻原则并在比赛中遵循，让队员参与球队战术设计之中，提升队员思考能力和建立珍珠球进攻理念，进而提升技战术应用效率。

第四节　进攻空间和通道

珍珠球抄网队员可以移动，增加了进攻范围，在水区端线及延长部分都能投球，使投球更加灵活多变，为进攻提供了更多的空间和通道。研究分析进攻空间和通道，为个人进攻和全队进攻提供遵循的原则，进而保持高效进攻。

一、队员突破有效方向

组织进攻时，所有队员保持与端线和边线的距离，充分利用场地空间，相互之间保持间距，这样既可以为队友进攻空间腾出进攻通道，又可以为后续配合做准备。

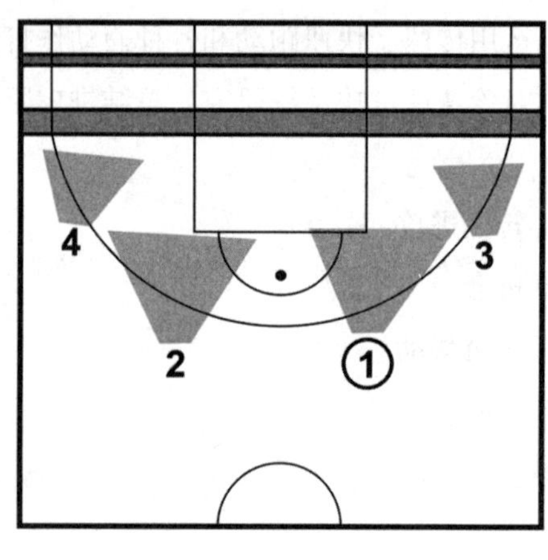

图 2-1

水区四名队员在罚球线附近充分横向拉开的进攻空间，每名队员都具有向水区端线突破的进攻通道，特别是中路的两名队员从中路突破具备很好的左右分球选择。突破时很难走直线，角度保持在左右斜前各 30 度以内比较适中，角度过大时突破距离增加，难以直接突破防守。见图 2-1。

二、向内线队员突破—拉开

如果队员向里运球突破或移动时，内线的队员向外拉出或建立掩护，切入队员没有进攻接球机会，也应快速向外移动拉开空间。

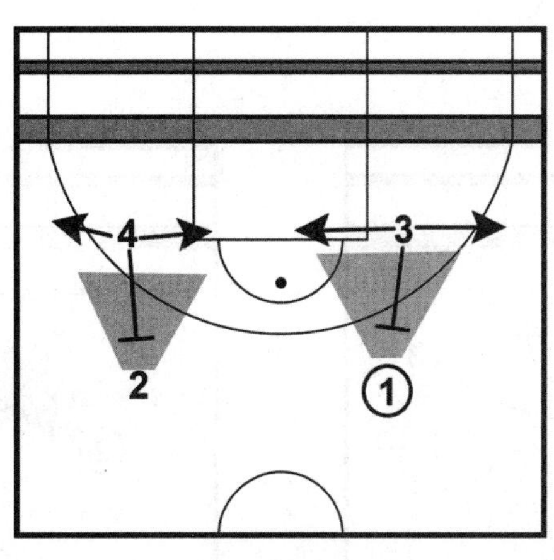

图 2-2

为充分利用空间，发挥内线进攻优势和利用掩护配合，四名队员可以选用四角战术。持球队员 1 或 2 能够很好把球传球给内线队员 3 或 4 进行单打；1 或 2 直接突破时可以选择左右两侧，3 或 4 根据队友突破向左或向右拉开接应传球；一种简洁的进攻选择是队员 3、4 同时上提为队员 1、2 做后掩护，1 运球向内突破，弱侧的 2 紧随其后切入。见图 2-2。

三、两个传球距离

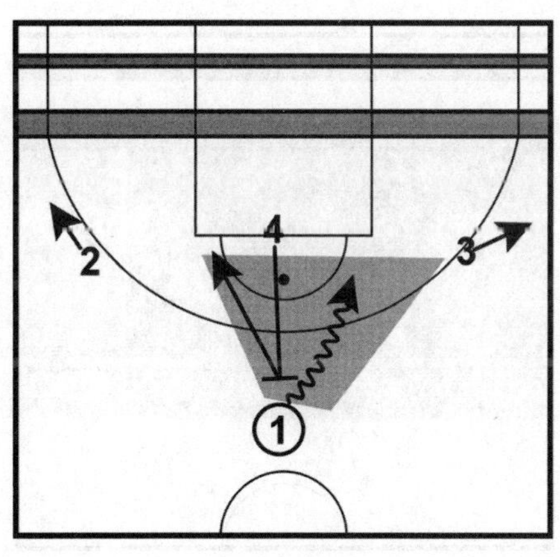

图 2-3

为了给运球突破队员创造更宽广的空间，有时需要“两个传球距离”为核心队员拉开空间。后卫队员 1 在弧顶运球，4 上提后掩护或拉开到左拐角下侧，3 拉到右底角，此时 1 获得两个的传球距离的突破空间，这样防守队员协防也需要更远的距离。见图 2-3。

四、三个传球距离

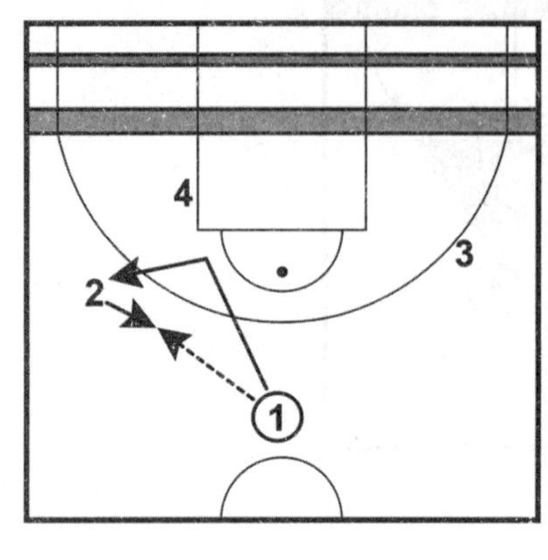

图 2-4

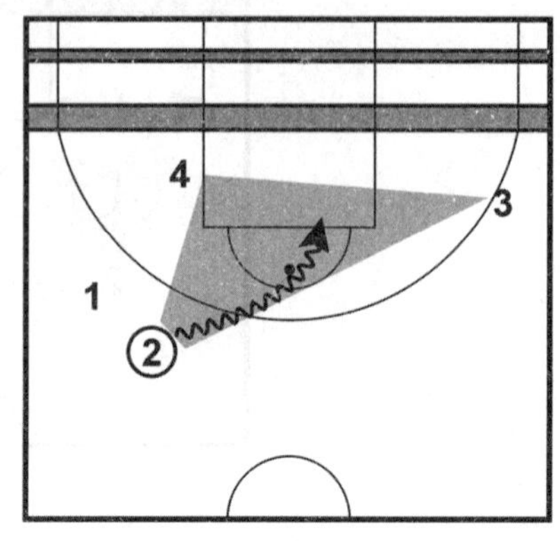

图 2-5

在关键抢分时刻，需要给得分后卫 2 创造出“三个传球距离”的空间，迫使防守队员无从协防。队员 2 向左翼与弧顶间隙处上提，1 传球给 2 后下切入到左拐角侧，2 接球后向右路有三个的传球间距的空间突破，防守队员几乎没有机会协防。见图 2-4、图 2-5。

五、进攻通道

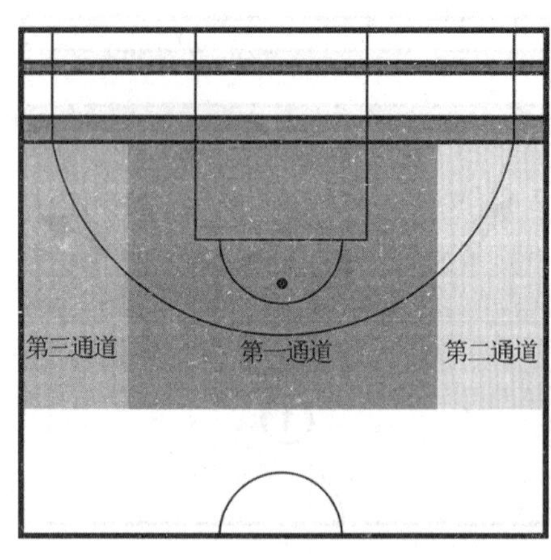

图 2-6

根据珍珠球球体小和肩上高手投球的特征，左侧（弱侧手）运球突破和投球难度系数都很大，拟出三条进攻通道选择。中路为第一通道，是比赛进攻最频繁的通道，也是进攻配合衔接通道；右侧受边线限制，进攻次数和投球选择略少，位列第二通道；左侧略宽于右侧，球员很少选择从此通道突破，顾位列第三通道。见图 2-6。

第五节　进攻区域图解

一、进攻区域

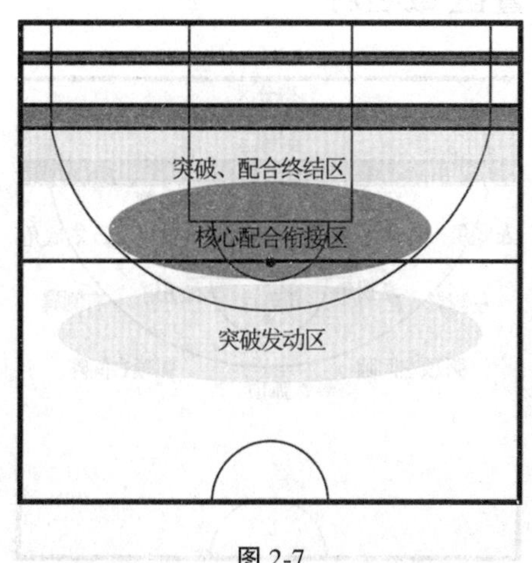

图 2-7

进攻发动区常被说成突破发动区，运球推进队员在该区域阅读防守，选择合适的进攻配合，开始发动突破。核心配合衔接区能够向四周分球，周围队员也具备很好的切入、反跑的空间。突破、配合终结区是队员投球最好的区域，组织进攻到此区域的进攻效率最高。见图 2-7。

二、投球区域

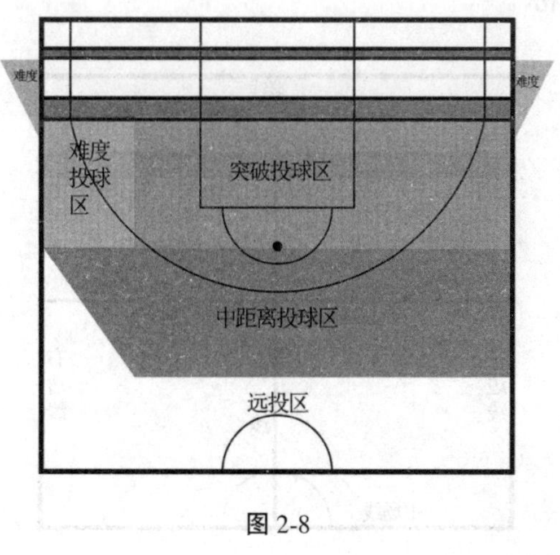

图 2-8

根据投球的难度和远度划分投球区域，借以提醒教练员和队员选择合适的区域进攻。

罚球点以下纵宽 4 米，横向 15 米分为左侧 3 米和右侧 12 米两个区域，左侧区域外加左右两个延伸角定义为有难度的投篮区，右侧定义为突破投篮区，是进攻双方必争区域。罚球点以上的梯形上边 15 米，下边 12 米定义为中远投区域。梯形以上至中线区域定义为远投区域，中线及以后区域则定义为超级远投区。如图 2-8。

三、水区场地位置区域名称

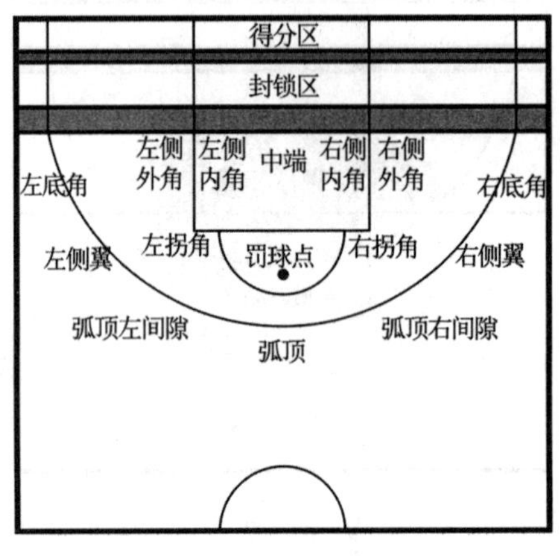

图 2-9

珍珠球场保留了篮球场的限制区线和三分线，一则为攻防双方提供参考标准线，二则便于划分编注场上位置，旨在教学训练和比赛中能够让队员更加高效训练和执行战术意图。水区左侧分为左侧底角区、左侧外角区、左侧内角区、左拐角区、左侧翼区、弧顶左间隙区，右侧如同左侧。中间分为中路端线区、罚球点区、弧顶区。见图 2-9。

四、场地线名称

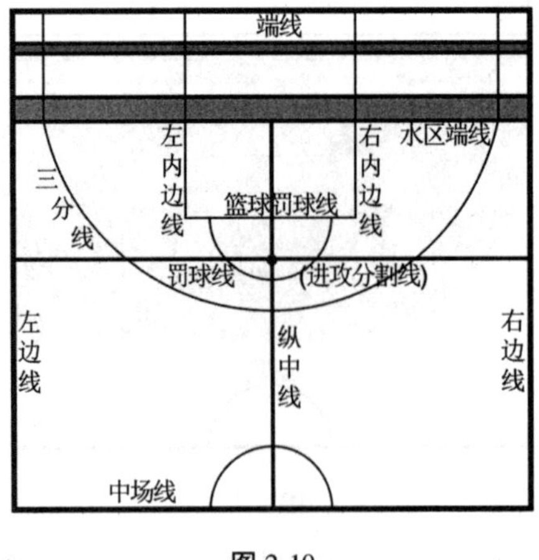

图 2-10

依据珍珠球进攻需要，穿过罚球点画一条与边线的平行线定义为纵向中场线，穿过罚球点画一条与端线的平行线定义为珍珠球罚球线或进攻分割线。根据珍珠球进攻需要，场地常用线有端线、水区端线、左右内边线、篮球罚球线、篮球三分线、罚球线（进攻分割线）、左右边线和中场线。见图 2-10。

第三章　珍珠球基础进攻技术

珍珠球与篮球进攻得分方式有很大区别，抄网队员在 15 米宽得分区自由移动增加了投球选择范围，进攻投球配合随之带来更多的变化，基础配合也相应发生变化，这些均增加了珍珠球团队配合内容和深度。本章主要介绍珍珠球运动的基础进攻技术：运球技术、传接球技术、投球技术、抄网技术和挡板队员发球技术。

第一节　水区进攻技术

一、基础运球技术

基础运球技术是通过原地的运球提升球员的球性，帮助队员在运球中掌握球的反弹变化，使手指、手腕、手臂及身体不断适应反弹的规律变化并融为一体，以此取得动作准确快速改变球路的能力。

（一）原地高运球

原地高运球是移动高运球的基础，作为入门的运球技术能够快速提升对球的感觉和控制能力。掌握细腻、稳定、富有力度的原地高运球技巧是移动高运球的前提，为比赛中快速推进、发动战术配合、衔接其他运球打下良好基础。下面以原地高运球分析其技术动作。

1. 动作方法

右手运球为例。身体放松，两脚自然开立与肩同宽，膝关节微屈，躯干正直略向前倾，目视前方。右手触球，屈肘抬起前臂，外展手腕，手掌向上向外都展 30 度左右，带动球至腰部高度。向下发力时，上臂带动前臂伸展，手掌向下向内旋转按拍球的上方，球即将离手时抖动手腕手指，全身协调连贯发力，使球有力度且稳定。球反弹起时手指尽早触球，手指手掌放松触球，收肘及前臂，外展手腕触球上引，途中手掌向上向外略微旋转，控制球在腰的高度使球稳定悬浮，此时掌心朝向左前下方。

2. 动作要点

（1）目视前方阅读防守；（2）大力抖腕运球；（3）拉球上引。

3. 应用提示

（1）尽量减少球脱离手的时间，增加触球时间；（2）动态旋转收球要慢，向下推拨球要迅速，整个过程简洁放松；（3）全身协调运球，特别是手指手腕要柔和控球。

（二）原地中运球

中等高度运球具有变化灵活、移动迅速的特点，成为最常用也是每名运动员必掌握的技术。中运球是各种高阶运球突破的关键技术，是高运球和低运球的结合技术，也是防守队员难以防守的运球。下面以原地中运球分析其技术动作。

1. 动作方法

中运球基本身体姿势如同高运球，运球高度在膝关节与髋关节之间，手肘的弯曲角约为 90 度，拉球上引幅度减小，手腕外展上展角度减小，运球频率增加。

2. 动作要点

（1）运球速度要快且有节奏；（2）抖腕运球；（3）手指控球。

3. 应用提示

（1）多种方向、角度、位置的中运球都要熟练掌握；（2）使用时要富有节奏；（3）中运球要能快速转变为高运球或低运球。

（三）原地低运球

低运球是后卫队员必备的突破技术，运球高度在膝关节以下。运球突破时中运球或高运球变速变向后常常要衔接低运球，一则可以保护球，二则可以快速衔接下一个大动作。

1. 动作方法

低运球基本身体姿势如同原地高运球和原地中运球，运球高度低于膝关节，手臂几乎伸直，掌心通常朝向地面，手腕手指主要发力，高频快速按拍球，掌心几乎不触球，通过手指手掌控制球落点和速度。

2. 动作要点

（1）高频率运球；（2）手指手腕运球；（3）注重角度和节奏的变化。

3. 应用提示

（1）提升对不同力度、落点球的控制能力；（2）手指手腕要富有弹性；（3）掌握由中、高运球后快速衔接低运球的控球能力。

（四）原地体前换手运球

体前变向换手运球是珍珠球比赛的必备技能，是所有变向运球的基础，也是速度型队员突破首选技术动作。下面以原地体前换手运球分析其技术动作。

1. 动作方法

右手换左手运球为例。两脚自然开立与肩同宽成进攻基本姿势，双臂自然下垂，双掌心相对，十指自然指向地面，运球时在肩膀下方左右摆动。准备运球时，右手外展 30 度左右，手腕放松外展引球于掌心，左手臂偏向右侧。右脚蹬地发力向左侧，右手臂发力向左侧，带动右手腕抖动发力，球反弹到两脚尖中间前一点的位置（下巴垂影处），左手主动尽早触球，左手臂带动手腕引球外展，躯干略有左转，右手臂跟随向左侧，左手至左小腿后开始展腕，球过小腿后开始制动，使球在手心旋转悬停。左手发力运球时如同右手。

2. 动作要点

（1）手臂贴近身体如钟摆一样摆动；（2）中等幅度运球，减少球在地面反弹时间，增加悬浮球时间；（3）悬停时展腕，推拨时抖腕。

3. 应用提示

（1）运球双手幅度要适中，提升换手运球速率；（2）身体跟随运球节奏左右摆动；（3）中等幅度运球要与小幅度运球和大幅度运球相互衔接。

（五）原地高手体前换手运球

原地高手体前换手运球是行进间高手体前变向换手运球的基础，运球时强调大力运球和引球推放。行进间体前变向换手运球具有变向同时保持快速移动的特点，动作简洁且突破效率高，使防守队员难以防守。实践表明，高手体前变向换手运球在珍珠球中的应用比篮球中更加常见。下面以原地体前高手换手运球分析其技术动作。

1. 动作方法

右手换左手运球为列。膝关节微屈，右肘弓起，屈肘后拉，手腕外展引球悬停于右侧腰部。右脚蹬地，躯干向左侧转动，带动右臂向左侧推送，右手把球由右侧从腰部的高度推向左侧，途中快速展肘伸臂，右掌心向下转动逐渐朝向地面，使球落在左脚外侧前方。左手尽早接触反弹起来的球，手指手腕放松引球，弓肘后拉，展腕旋腕悬停球。左手向右侧运球时如同右手的动作，左右交替练习逐渐提高速度和质量，整个过程要流畅有力且有节奏。

2. 动作要点

（1）弓肘后拉，展腕向上，旋腕向外，尽量增加悬停球时间；（2）推送幅度要大，按拍有力；（3）右脚发力，身体随球转动。

3. 应用提示

（1）拉球时躯干向同侧转动；（2）按拍球要有探肩的动作；（3）左右推送要迅速流畅；

（六）原地胯下换手运球

珍珠球球体小，做胯下运球更加容易，利用腿部保护球的同时也能使转体侧身探肩更加流畅，快速衔接做下一个动作。胯下运球是身体素质较好和技术扎实的队员常用的技能，也被当作突破前奏运球来迷惑防守队员。下面以原地胯下换手运球分析其技术动作。

1. 动作方法

右手向左侧胯下换手运球为例。膝关节微屈，两脚平行站立，双脚左右张开略比肩宽，脚跟微抬能插下一张信用卡即可。臀、腰、背和头保持一条直线，躯干略有前倾，整个身体富有弹性。右手接触反弹回来的球，做中等高度“口袋运球”。开始运球时，右手掌心朝向左前下方，右臂发力，手腕引领，把球从右侧推向左侧胯下途中手腕向内转动，球即将离手时抖腕加速，掌心转向左侧后下方，躯干向左侧转动。左手在左腿后方，掌心朝向右前方接应反弹球，手指手腕放松触球，把球从左后下方拉到左前上方，途中手掌内旋，掌心转向右前下方，展腕悬停球，准备接下一次运球。胯下时降低重心，前拉悬停球时略提高重心，重心起伏与加减速运球配合，逐渐掌握控球节奏。

2. 动作要点

（1）悬停球后要向左后方加速推送，抖腕使球加速；（2）左手主动迎接球，转动引球至左前方悬停球；（3）手臂、躯干随球转动。

3. 应用提示

（1）阅读与防守队员的间距；（2）向侧后方运球避免被抢断；（3）胯下运球时重心要明显降低。

（七）原地背后换手运球

珍珠球背后换手变向运球具备更强的隐蔽性和杀伤性，把背后运球与身体动作充分结合后，运用出来能够创造惊人的投球空间，防守队员几乎难以防守。在熟悉这项技术之后，衔接单手拉球后跳步横移能创造更大突破空间。背后运球无论是在高速移动中使用，还是在低重心对抗中使用都能起到很好的突破效果。下面以原地背后换手运球分析其技术动作。

1. 动作方法

身体准备姿势如同体前换手运球，变化为把球落点到臀部下方，手臂在身后完成换手运球。运球时两手左右摆动幅度适中，每次换手运球身体随着球蹬地转动。

2. 动作要点

（1）手臂在身后贴近身体如钟摆一样摆动；（2）运球幅度不要太大，反弹时加速，引球后减速；（3）悬停时展腕，推拨时抖腕。

3. 应用提示

（1）保持运球节奏；（2）背后运球时身体随球转动；（3）重心随运球进行动态小幅度的起伏。

二、传接球技术

珍珠球体积小，一般都是单手传球，如同篮球一样需要双手接球，而不是容易失误的单手接球。传球给队友的远端手，接球时要非常专注，主动迎接球，同时余光观察球场的情况，为接球后下一个动作做好计划。

（一）单手传球双手接球

单手在腰部以上至头部以下位置的传球技术基本相似，以推拨为主要形式，要求迅速准确及时，球体回旋稳定好接。传球类型主要有胸前平传球、体侧平传球、体侧击地传球、向后传球。下面以胸前传接球为例分析其技术动作。

1. 动作方法

右手传球双手接球为例。屈膝保持身体平稳，右手展腕放松持球，左手发力后拉辅助，保持球安全稳定不易被打掉。屈肘后引贴近于胸前右侧，转体蓄力，掌心朝向传球目标。传球时，右脚蹬地，转体带动手臂前推，伸展肘关节带动手腕抖动使球回旋。根据位置调控转身、屈肘和抖腕幅度与力度改变球的速度和角度，使球飞向队友的胸前高度的外侧手。

接球时，根据来球方向，两手靠近成漏斗形照向来球，同侧脚前探半步前倾身体，手臂前伸主动迎接来球。余光观察场上情况，触球后迅速收球，立即做下一个动作。给中锋策应和前锋要位单打传球时一般速度较慢，要位队员先用远端手接球，随后双手合球，以此隔开防守队员的防守干扰。

2. 动作要点

（1）双手持球置于体侧；（2）抖腕使球旋转平稳传出；（3）双手接球或远端手接球。

3. 应用提示

（1）右手放松，左手发力拉球辅助；（2）转体发力，而不是单纯手臂手腕发力；（3）观察来球时余光扫视，为下个动作做好准备。

（二）手递手点拨传球

进攻全场紧逼防守，最简单有效的方法的就是手递手拨传球，一则可提升包切队员的突破启动速度，二则造成防守队员在补防、换防时出现失位或漏防。

1. 动作方法

右手运球向右推进后传球为例。左肩膀侧对防守队员，左手臂保护球，紧逼压力大时抬起小手臂保护球，紧逼压力小时左手臂随身体摆动提升移动速度。在靠近队友时向内挤压跟随的防守队员，右脚为轴做向前半转身急停，合球同时堵住队友的防守队员，此时接球队员发动向后反跑，围绕持球队员接球。传球队员主动挑拨一定提前量的传球给接球队员，球的高度在胸部即可，让接球队员在高速移动中轻松接球。接球队员双手接球后，开始使用左手运球向左侧运球推进，寻找突破机会。一次手递手传球很难寻找到突破机会，两次手递手往往就能发现防守的漏洞。传球队员传球后，继续顶卡防守队员，待接球队员推进一两步后，再向内转动准备接球进攻。

2. 动作要点

（1）侧身运球推进保护球；（2）右脚为轴转身顶卡防守队员；（3）绕切高速中接球运球推进。

3. 应用提示

（1）传球要有提前量；（2）接球队员要耐心等待传球队员建立好掩护后再向回绕切接球；（3）配合要保持耐心，一次不成功再做一次配合。

（三）头上传接球

头上传球可以快速转移球，也可以与投球假动作充分的结合起来，同样可以与突破很好结合，使防守队员难以判断，只能疲于防守，以至大量消耗体能。进攻队员接球后向上举球要真的能投球，防守队员才会紧密防守投球，然后顺势从双手头上甩传球给队友。

1. 动作方法

双手接球向上举球，左手发力后拉，右手指手腕放松包裹球，手持球上提，上臂与地面平行，前臂与上臂成60度角，右手腕放松，腿随之弯曲成投球姿势，从张开的两肘间阅读防守队员，观察到防守队员迎上紧逼且突破机会不好时，立即选定传球目标。传球时，躯干转动朝向传球方向，以肘为轴前伸前臂带动手腕甩动，双手手腕手指同时抖动发力，控制球的方向和力度。接球队员，双手高举前伸手臂，双手做成漏斗形迎接来球，身体前倾手触球后迅速收球于胸腹之间，随后做投球动作，遇到紧密防守时就继续进行头上传球，有机会就迅速突破。根据战术需要可以连续在头上进行传接球，提升转移速度。

2. 动作要点

（1）投球动作要真；（2）观察防守队员的脚步和接球队员的位置；（3）甩臂抖腕传球。

3. 应用提示

（1）传球要有目的性；（2）传球不要太高，传至对方头顶位置即可；（3）传球要有假动作，与突破相结合。

（四）主动点拨接球

在快攻中传球质量不好时，为了保持快攻的速度，可以单手主动点拨一下球，控制球的落点和速度，立即衔接下一个进攻动作，从而保持进攻速度。

1. 动作方法

右侧快下接球为例。左侧传来远传球，来球过高、过低、靠后都难以接球，无论采用跳起接高球，急停接短球，弯腰接低平球都会错失快攻的最佳时机。面对过高的传球右手向上点拨，减缓球的速度并控制球的落点；面对短球左手向前点增加向前速度及控制落点；面对低球向下点拨减缓向前速度并增加反弹力度，从而达到控制球的落点及速度。点拨之后加速追球，快速衔接下一个动作。右侧遇到对手紧逼防守接球时，左手主动点拨球，控制球落到右路，顺势左脚为轴后转身，摆脱防守快速从右路突破。

2. 动作要点

（1）判断来球的位置及力度，结合防守队员的位置用点拨球控制球的落点；（2）手指手腕要柔和触球，稳稳控制球的速度和落点；（3）及时衔接下一个动作。

3. 应用提示

（1）要具备判断来球速度和线路的能力；（2）多种情况下的点拨接球都要勤加练习；（3）把点拨球与后转身相结合，快速进攻紧逼防守。

三、投球技术

罚球技术是每位队员必须掌握的技术，作为动态投球技术的基础，投球需要富有弹性

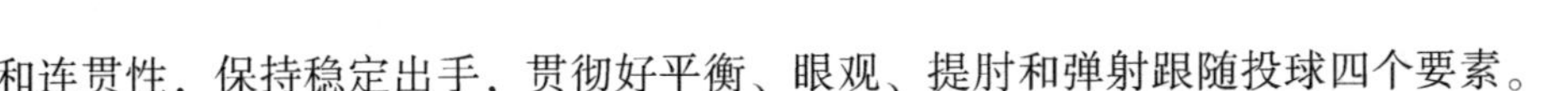

和连贯性，保持稳定出手，贯彻好平衡、眼观、提肘和弹射跟随投球四个要素。

（一）罚球技术

1. 动作方法

右手罚球为例。右脚前脚掌踩在罚球点上，双脚前后左右自然平行开立，双脚垂直指向端线，保持身体平衡。双手左右手大拇指成T字形，左手托球，右手腕手指放松，持球在腰腹之间。开始投球时，双手上举连贯达到额头前上方，右上臂平行于地面，右手肘垂影到右脚尖上方，前臂与上臂约成60度夹角，左手下压，右手腕放松外展，手腕与前臂外展夹角约为120度。

屈膝降低重心，双脚顺势向下蹬地，身体向上移动伸直膝关节，左手自然放下，右手臂借用向上动力向前上方发力伸直，根据下肢带动身体的动力和速度，调控抖腕力度和出手时手腕与前臂内收夹角，从而投出不同弧线的球。夹角大则平移速度快弧线低，夹角小则平移速度慢弧线高。投球后身体连贯微转，但不要跳起。

2. 动作要点

（1）双手举球，单手投球；（2）上肢夹角适中，动态投球；（3）下肢带动上肢，上肢抖腕投球，整个动作连贯流畅。

3. 应用提示

（1）投球要坚决；（2）后引稳定再投球；（3）与抄网队员目光交流，投向挡板队员反角上空，使其难以起跳。

（二）高弧线投球技术

行进间投高弧线球，往往采用空中滞空二次发力的投球方式，手臂持球姿势与罚球手臂技术基本相同。高弧线投球技术要求投出很好的弧线越过挡板队员能接触的最高点，又能让抄网队员容易抄球。

1. 动作方法

右手行进间投球为例。右手运球向前推进，左脚迈步同时大力运球后双手合球，双手收球右脚迈出一大步，接着左脚迈一小步，跳起中观察挡板队员和抄网队员。跳起后控制固定投球姿势，身体放松在空中滞空，左手自然离球，到达最高点准备下降时，身体向左自然转动，右臂向前上伸直，带动手腕推送球，准备出手时抖腕把球投射出去。

2. 动作要点

（1）在快速跑动中腾空投球，避开防守的封堵；（2）强调滞空投球，寻找更好的投球选择；（3）身体放松，投球时自然转动。

3. 应用提示

（1）把球场的水区端线、边线和篮球场三分线、罚球线作为投球参照线，准确判断起跳点，调控投球力度和角度；（2）遇到协防，从头上绕过或探步贴地收球，防止被抢断，随后引球做好投球基本姿势；（3）直线高弧线球、斜线高弧线球、远吊高弧线球要穿插使用。

（三）击地投球技术

现在珍珠球运动员的身体素质和技战术逐渐成熟，击地 2 分球投球技术逐渐被重视起来且有很大的进步。一个成功的 2 分球，一要突破水区防守队员，二要避过挡板队员防守，三要反弹到合适位置抄网得分，所以不经过针对性训练很难创造出高命中率的 2 分球。投球队员和抄网队员赛前要有很好的沟通，明确投 2 分球的手势或其他信号，遇到不同的情况及时改变投球线路。投球一般采用“下丢”的动作方法，让球的速度和角度适当，投球前需要水区队员通力配合，把挡板队员充分调动，寻找具有把握性的 2 分球，冒险投 2 分球常常是不可取。

1. 动作方法

中高速移动中，投球队员可以主动把挡板队员带向投球队员前面，见挡板队员跑向投球队员，投球队员把球投向挡板队员难以回防的反角。快速移动中，投球队员耐心等待与抄网队员成左右错位，共同配合预留好跑动抄球角度，迷惑挡板队员，投球队员发出投球信号时抄网队员及时移动。投球时，队员把球从腰腹之间向斜前下方推出/丢出，控制手腕抖动的幅度与力度，投出不同角度和速度的球，电光火石之间既要能避开挡板队员的干扰，又能在隔离区附近着地反弹，在得分区弹起到膝关节的高度，便于抄网队员抄网得分。

2. 动作要点

（1）水区队员默契通力配合，把球传给投 2 分机会最好的队员手中；（2）投球队员与抄网队员达成默契，设置特定投球信号，声东击西；（3）前推轻抖腕投球，把球击在隔离区附近。

3. 应用提示

（1）没有突破就没有投 2 分球的好机会，突破分球是创造 2 分投球机会的最好配合；（2）投球前的动作必不可少；（3）跳起空中向左右投击地球和远吊击地投球需要多实战模拟。

（四）身体对抗后投球

珍珠球强调对抗，对抗后的投球经常在比赛中出现。突破对抗后投球容易被对手切掉或干扰，需要进行系统训练才能更好保护球，获得较大投球空间，保持身体稳定投球。

1. 动作方法

左肩对抗右手投球为例。右手运球，面对防守队员的紧逼，到达合适区域后，左脚主动向防守队员靠近着地，降低重心同时右手大力运球，左前臂抬起形成扇面增加对抗面积，双手收球于身体右侧防保护球，左肩膀主动迅速与防守队员对抗，右脚继续蹬地，身体向前强力对抗，对抗时身体重心逐渐升高，由下及上顶开防守队员。顶开后，左脚向前方迈一小步，双手从右侧把球引向右前方，左脚蹬地跳起，在空中调整姿势投球。引球时双肘外展，避免被切球，能增加造成对手犯规的概率。遇到防守队员赌博式掏球或紧密防守右侧时，可以选用欧洲步后再投球。

2. 动作要点

（1）合球前左脚主动向防守队员迈，靠近防守队员；（2）重心由下及上对抗，左右脚前后配合蹬地发力完成对抗；（3）球从右侧下方引到右侧前方，双肘自然外展。

3. 应用提示

（1）判断防守队员的位置，合球点至关重要；（2）高水平队员，对抗时右手单手夹球，左前臂抬起，这样可以使对抗更充分、移动速度更快及更好保护球；（3）对抗创造空间不足时向右前方跳起投球，增加横向移动获得投球空间。

第二节　得分区和封锁区进攻技术

一、抄网技术

抄网得分是进攻的最后环节，抄网队员的抄网技术直接关系到球队的进攻效率。抄网队员需要有强烈的自信心，在队伍里有一定的威信，能够指挥其他队员。身体素质要好，速度、柔韧和灵敏要突出，眼睛观察能力要强，平衡能力要强。抄高弧线球和击地球两类要具有绝对的实力。

（一）抄高弧线球

高弧线球是比赛中最常见的投球，抄高弧线球是抄网手的基本技能，在比赛中往往需要跳起之后抄球，然后平稳地落进得分区。根据最佳抄球点至得分区的纵向远近，分为远距离球、中距离球和短距离球三种不同球路。

1. 动作方法

抄远距离球时，尽量发力起跳，空中外展手臂，向外转动身体，调整抄网至球的下落线路上，抄中球后迅速收手臂把重心内收，面对端线着地时，尽量双脚脚尖先触地，屈踝、屈膝、屈髋身体重心下降，充分缓冲落地，控制身体重心后移，避免前倾出端线。

抄中等距离的球，观察球的线路，侧身起跳，空中最高点时持网手伸直，手腕弹性外展，调整抄网口与球的下落方向尽量垂直，落点于抄网正中心。尽量使球落入抄网，而不是大幅度快速摆动抄网抄球。抄中球后，尽量双脚脚尖先触地，屈踝、屈膝、屈髋身体重心下降，落地充分缓冲，保持身体平衡并减少受伤几率。

抄近球的最大威胁是挡板队员利用球即将越过隔离区进入得分的模棱时段把球捅出界外，抄网队员一旦判断好球准备进去得分区上方时，快速摆动抄球，第一时间主动抄球，抄中主动侧拉，避免向前摆动越过得分区碰到挡板。

2. 动作要点

（1）判断来球线路，调整抄网等球入网；（2）跳起时身体放松，适当转身控制身体平稳落地；（3）落地与抄球同等重要，落地时前脚掌先触地，随后屈踝、屈膝、屈髋降低重心。

3. 应用提示

（1）调整脚步双脚起跳为主，跳起后一定要耐心等待球的下落；（2）落地后不稳时，内侧手臂、腿快速摆动调整身体平衡；（3）需要抢抄的球要提前到位，避免违例。

（二）抄击地球

抄 2 分球是对预判能力、反应能力、加速能力和减速能力的综合考验，技术动作和实战经验都非常重要。

1. 动作方法

投击地球主要选择投向挡板难以及时防守的位置和角度，确保穿过挡板队员的封堵进入得分区，投球线路分为左路、右路和两名挡板队员的中间。抄网队员抄网前要充分准备，不仅要做各种假动作诱导挡板队员跑向反方向，而且要与投球队员达成很好地默契，明确投球线路，做到球到人到。

准确判断球的方向和落点，脚步小而快迅速跑到球的反弹落点，把抄网伸到球的移动线路上，让球落进抄网内，接球后快速内收、上举抄网等，促使重心转移，双脚快速急

停。碎步急停、转身跨步急停、跨跳步急停都是常用急停技术，其中胯跳步急停是跨步急停与跳步急停的结合技术，向边线快速冲刺接球时，仅用跨步急停难以停住，跨步急停时靠近边线的脚撑地后快速小跳，快速张开双脚降低重心落地制动。

2. 动作要点

（1）快速摆臂促加速；（2）小步加速找球路；（3）紧急情况跨跳步急停制动。

3. 应用提示

（1）与投球队员配合是关键；（2）接球后向内收、上举球，转移重心快速急停；（3）抄网不能太低，防止抄球后触地。

二、挡板队员发球技术

挡板队员手持挡板发球难以施展力度又缺乏灵活性，遇到全场紧逼防守，不经过针对性训练很容易失误。挡板队员发球给水区队员是全队战术配合的第一步，具有重要作用，主要有挑发球和头上发球两种。

（一）夹球挑发球

挡板队员夹起抄网队员放到地板球直接挑发球是最快的发球方式，也是使用频率最高的发球技术。

1. 动作方法

挡板队员一边观察抄网队员把球放到隔离区附近，一边观察场上队员跑动情况，侧步转身，两脚前后开立，屈膝屈髋降低重心，双手持挡几乎平行于地面夹球，侧面着地合力夹球于挡板中间，此时两挡板上面夹角大，下面夹角小。头先转向水区观察队友接应情况，选择传球目标，靠近球的脚蹬地转身，逐渐面向水区起身，利用转身惯性和手臂前伸力度把球及时挑传给接应队员的远端手，整个过程要求简洁流畅准确。

2. 动作要点

（1）双手持挡板贴近地面，挡板侧面贴地夹球；（2）观察水区接应队员位置，起身传球一气呵成；（3）传球到接应队员的胸腹高度，方便远端手接球的位置。

3. 应用提示

（1）夹球要在挡板的中间位置，避免发球时滑动使传球不到位；（2）充分夹紧球，两挡板上面张口大，下面开口小，促使发球有力；（3）夹起球后，发现没有很好传球机会，传球给另外一名挡板队员发球。

（二）头上发球

遇到全队紧逼防守发球，一旦防守落位较快就能限制住挑发球效果，此时头上发远球成为破解紧逼的一种有效方法。挡板队员阅读到对方紧逼发球，挡板队员把球举过头顶，一则可以推吊发球给把防守队员卡在下线的队友，二则可以后摆远传给向前场反跑的队员，以此破解紧逼发球。挡板队员需要具备扎实准确的发球技术，针对性训练和模拟训练必不可少。

1. 动作方法

挡板队员夹球上举，使球从挡板板面中间滑动挡板板面的下部，挡板夹角转换，靠近大拇指的一侧夹角变小，前侧角张开，以肘引球，举球于头顶上方，两肘张开，观察水区。见水区队员把防守队员卡在底线远端示意传球时，身体向前带动上臂前移，前臂前伸带动挡板快速摆动，球快出手时手臂手腕内旋转动挡板把球传出。

2. 动作要点

（1）及时从挑发球姿势转变成头上发球预备动作；（2）判断好队友卡人要位情况，及时传球；（3）身体重心前移，手臂前伸发力，内旋手臂手腕抖动传球。

3. 应用提示

（1）球动态过渡到挡板底部，使球夹得更紧；（2）头上传球同样可以传近距离球；（3）当队友反跑接应时，精准的传球至关重要。

第四章　珍珠球运球突破移动进攻——突破技术

第一节　运球突破基础技术

珍珠球球体较小，运动员单手能轻松抓住球，反弹力度与篮球相当，反弹角度变化比篮球灵活，这造成球路变化更灵活，反弹后手触球、控球目标较小，增加了运球难度。勤加练习熟练掌握后，可以把球体偏小的劣势转变成为优势，一则可以在手中更多的悬浮球，使衔接动作更加灵活，二则防守队员抢球目标更小，难以抢断球。运球突破基础技术需要从脚步技术组合运球技术和脚步球性组合技术着手练习，并纳入日常训练中反复练习。

一、脚步技术

脚步移动技术是能否突破成功的关键，利用脚步技术一则可以增加突破速度，二则可以迫使防守队员移动，三则可以迷惑防守队员的判断。

（一）交叉步

交叉步移动范围很大，又便于发力进攻，发力时需要上下肢、腰和髋等部位协调配合，体能损耗适中，能快速变速变向。以左脚向右前方或右脚向左前方为运动方式，可以是持球交叉步突破，亦可运球交叉步突破。交叉步能够很好运用人体筋膜转动链迅速有力的特点，通过转动迅速抢获第一步突破空间，利用手臂和交叉的腿去很好保护球，是所有队员都应该具备的一项技能。

1. 动作方法

向左侧移动为例。双臂带动上体向左侧转动，用右脚掌内侧向后方用力蹬地，迅速向左前方跨出一大步，同时转体侧身探肩，右手臂前伸引领重心前移，双脚成弓步，左前脚掌触地，迅速蹬地前跨，加速超越对手。

2. 动作要点

（1）手臂摆动，带动身体转动；（2）积极蹬地，起动快速突然；（3）转体侧身探肩连贯迅速。

3. 应用提示

（1）交叉步是反跑切入的基本步法；（2）持球、运球交叉步突破在比赛中非常实用；（3）抄网队员反跑的必备脚步。

（二）顺步

顺步是比赛中最常见的一种脚步，面对防守迅速向同侧方向快速迈出一步，利用速度抢占第一步先机。

1. 动作方法

右脚顺步为例。左脚蹬地，转体向右前方，左手臂向右前方前伸，后手后摆，身体向前减小稳定角，右脚向右前方迈出一步，迅速向同侧前方探肩超过膝关节，接着左脚蹬地前迈，利用两步超越对手。

2. 动作要点

（1）快速转移重心至前脚；（2）右脚第一步幅度适中，保证速度两步加速；（3）转体侧身探肩。

3. 应用提示

（1）注意前探左手臂加速；（2）阅读防守队员的位置，保持在一步的间距时加速启动；（3）遇到封堵时从另一侧做第二次顺步。

（三）刺探步

刺探步作为珍珠球持球进攻重要步法，具有动作小、速度快的优势，被前锋队员和中锋队员所偏爱。双手摆球与脚步的配合，晃动防守队员的重心，然后选择运球突破或投球。

1. 动作方法

以左脚为轴为例。在侧翼或中路预留一次运球突破便能投球的距离要位接球，接球后转身面对防守队员，双手持球从左侧向右前方摆动，右脚同时向右前方刺出一小步距离，如果防守队员向右侧移动防守，可以紧接交叉步突破，如果防守队员没有向右侧移动，右脚就向中间回收半步，阅读到防守队员向左侧移动，就采用顺步向右侧突破。

2. 动作要点

（1）刺探步小而迅速；（2）手臂摆球与刺探步一致，提升节奏感；（3）重心保持在两脚之间。

3. 应用提示

（1）阅读防守队员脚步；（2）连续两次刺探步，定住防守队员；（3）刺探步与顺步突破和交叉步突破结合使用。

（四）坠步

坠步运球是一种运球中快速前后开脚寻求快速突破的运球技术。

1. 动作方法

右脚向前左脚向后坠步为例。双脚平行站立运球，右手一次口袋运球拉球至腰间尽量长时间悬浮球，运球同时右脚向右前方开步成弓步，左脚向左后方开步小腿平行于地，双脚前后左右间距不要过大，重心迅速下坠并向前倾，形成前后开步向右前方倾斜的突破姿态。利用下降反弹力，迅速向右前方加速突破。

2. 动作要点

（1）双脚一前一后同时开步；（2）开步时右手悬浮球；（3）坠步后形成进攻步。

3. 应用提示

（1）准备坠步前放慢运球节奏，减少防守队员警觉性；（2）悬浮球注意不要翻腕；（3）坠步简洁提升爆发力，随后立即加速突破。

（五）探肩步

探肩步是在手触球同时小幅度向同侧探肩晃动，迅速向另外一侧变向换手运球，促使运球队员的运球更加有节奏，增加防守难度的一种脚步。

1. 动作方法

左侧探肩步为例。左手接右侧来球后向左侧拉，左脚向左侧垫一小步，左肩向左侧转动探肩，有机会顺步突破。借拉球时观察防守队员左脚是否在前以及右脚是否抬起，当左脚在前右脚抬起向外时是很好的突破时机，此时左脚蹬地向右前方迈步，左手向右侧换手运球，左肩迅速向右前转动。

2. 动作要点

（1）垫一小步增加横向移动距离；（2）垫步节奏要慢，阅读防守姿势；（3）变向换手运球要快，转肩迅速。

3. 应用提示

（1）垫步脚步小并能及时向右侧蹬拧；（2）头部肩部和手臂同时抖动，增加启动速度；（3）探肩步后常接体前变向换手交叉步运球突破。

（六）拖曳步

拖曳步是身体随球横移，后脚蹬地拖步并先着地，前脚前迈增加幅度，后脚及时蹬地发力增加速度，进而逼迫防守者调整防守位置的一种灵动实用脚步。

1. 动作方法

向左侧移动拖曳步为例。降低重心，右手向左手一次换手运球，左手尽早触球并准备引球左侧悬浮球，右脚蹬地，向左前方拖步，左脚抬起向左前方迈，重心向上向左前方移动，身体随球向左前方移动，右脚拖曳向左前方移动先着地，左脚向左前方迈步，右脚前脚掌充分撑地，形成攻击步。阅读到防守队员脚步滞后时，右手向前向下伸，重心向前向下转移，右脚快速蹬地向左前方迈步，加速超越防守队员。

2. 动作要点

（1）体前换手运球左手悬停球；（2）右脚拖地前移及时蹬地发力；（3）换手运球幅度要大，节奏要快慢结合。

3. 应用提示

（1）拖曳步接同侧加速突破和体前变向换手运球突破都有很好的效果；（2）体前变向换手运球、胯下变向换手运球、背后变向换手运球和内—外运球都能结合拖曳步；（3）身体灵活的队员非常适合拖曳步。

（七）顿步

顿步通过快速的停顿前后转移重心，培养良好的控球节奏感，使防守队员难以防守。

1. 动作方法

右手运球为例。右手运球后引，右脚在前成小弓步，右脚后蹬，重心由右脚转移向左脚，头上抬眼上看左手上抬至胸腹，阅读防守队员防守选择。当防守队员前移防守时，左脚前蹬把重心再次转移到右脚，左手前伸保护球前移重心，左脚顺势蹬地加速快速突破。动作要简洁流畅，准确判断防守选择，迅速做出应对。

2. 动作要点

（1）重心快速过渡；（2）头部手部假动作要逼真；（3）左手前伸保护球并增加启动

速度。

3. 应用提示

（1）动作节奏要快，重心成由前至后再向前的动态变化；（2）两脚保持中等间距，保证后脚蹬地爆发有力；（3）顿步可以和各种突破、投球技术结合使用。

（八）碎步

碎步是防守队员接近进攻队员经常采用的步伐，而现在进攻队员在接近防守队员时同样采用碎步接近的方式迷惑对手，使防守队员迟疑停顿。

1. 动作方法

运球队员快速接近防守队员，为获得左右两侧的突破机会，在距离防守队员一步半时，运球一次做2~3次碎步逼近防守队员，获得正面面对防守队员的姿势。防守队员难以判断进攻队员的真正进攻方向就会选择性的后退，进攻队员阅读防守队员后撤时停留在前方的脚，然后选择交叉步或顺步突向防守队员前脚的方向。

2. 动作要点

（1）脚步小而快；（2）踝关节放松快速收缩；（3）手臂协调摆动。

3. 应用提示

（1）快攻运球接近防守队员时快速碎步调整步伐，避免带球撞人犯规；（2）碎步调整时阅读防守队员脚步；（3）提升队员脚步灵活性，同时避免走步违例。

二、运球步伐组合技术

手臂运球，脚步移动，二则协调配合默契，控球能力就能显著提升。

（一）高、中、低运球组合

高中低运球组合可以提升运球时的节奏，增加重心转移时的控球能力，使突破时的运球更加流畅。

1. 动作方法

运球一次身体随着球上下移动，三种运球高度自由结合。高运球时球在手中多做悬浮，仔细阅读防守脚步。中运球变高运球身体重心随之抬高，身体做一个停顿，佯装合球投球或传球；高运球变中运球两脚滑动张开，重心快速下降，手臂加速运球；低运球变中运球手腕加力运球，双脚蹬地快速提起重心，身体抬起后立即停顿；中运球变低运球重心进一步降低，手臂几乎伸直，手指手腕加速运球，低运球通常连续运球两次向前向中路运球，第三次换手运球。

2. 动作要点

（1）高运球悬浮球要长，低运球要快；（2）多种运球灵活组合，有目的性的进行转换；（3）感受重心变化，保持运球节奏。

3. 应用提示

（1）高、中、低运球组合能够快速提升运球节奏；（2）阅读防守脚步快速改变运球方式；（3）低运球两次后，做一次体前换手运球，防止防守队员从后掏球。

（二）胯下分腿运球组合

胯下分腿运球能够提升队员的协调能力，提升坠步运球突破和胯下运球突破时的控球能力和加速能力。

1. 动作方法

右手向左侧胯下运球为例。双脚自然平行开立，右手放松垂直高运球，触球拉球后引，左脚向前，右脚向后，快速开步，降低重心。右手向左向后胯下运球，左手在左后方接球，后引前拉至左侧，做一次垂直运球，双脚回到平行开立姿势。

2. 动作要点

（1）高运球开始，中运球开步；（2）快速斜前开步降低重心；（3）向后运球，向前拉球。

3. 应用提示

（1）开步要小而迅速；（2）开步后形成小进攻步；（3）开步后非运球手向前下方下垂，充分蓄力。

（三）背后分腿运球组合

背后分腿运球球主要提升背后运球的控球能力。

1. 动作方法

如同胯下分腿运球球性练习，变化在于球从背后进行换手运球。

2. 动作要点

（1）向外拉球，向后运球；（2）背后平行运球，左手向前拉球；（3）快速斜前开步降低重心。

3. 应用提示

（1）先反弹球后开脚；（2）开步同时阅读防守；（3）开步后非运球手向下尽量，充

分蓄能。

（四）单手高质量运球组合

单手垂直运球和 V 字运球相结合，在慢快之间切换，提高运球节奏和控球能力。

1. 动作方法

右手运球为例。右手大力垂直运球，引球后使球在手中尽可能长时间停留，提高身体重心，接着进行单手体前 V 字运球，速度尽可能的快，身体重心迅速下降，左手配合摆动。右手熟悉之后，换左手运球。改变垂直运球和 V 字运球的次数，并接其他运球技术不断提升控球能力。

2. 动作要点

（1）垂直运球多悬浮球；（2）V 字运球随球摆动尽快完成；（3）重心高低动态变化。

3. 应用提示

（1）抖腕运球，提升球速；（2）假想防守队员的防守姿态变化，有目的性改变运球；（3）结合其他换手运球时仍然注意重心和节奏的变化。

（五）极速运球组合

极速运球组合要求最快速度完成固定组合动作，提升队员的运球速度和抗压能力，同时提升组合运球技术的运用能力。

1. 动作方法

两人间隔 2 米左右相对而立，每人拿一个球，中间放一个水瓶。同时开始运球，争取最短时间按固定设置的球路运完各种运球，然后抢中间的水瓶。右手向左侧体前换手运球 1 次，接着左手向右侧体前换手运球 1 次，右手向左胯下运球 1 次，左手向右背后运球 1 次，右手向左侧背后运球 1 次，右手抢水瓶。

2. 动作要点

（1）两人同时开始，以最快速度完成；（2）眼睛观察对方的运球；（3）动作幅度要小。

3. 应用提示

（1）必须做完全部动作不失误才能抢水瓶；（2）动作自然连贯才能迅速准确；（3）也可以根据自身特点设计不同的组合动作进行比赛。

三、“突破前奏”运球技术

“突破前奏”运球技术是运用运球和脚步移动，带动防守队员改变防守姿势和脚步，

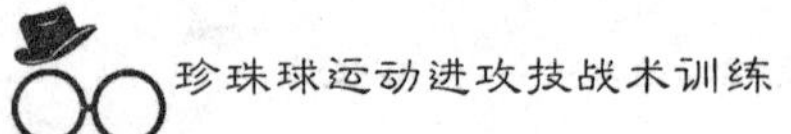

迷惑防守队员的防守选择，为后续突破制造机会。

（一）内—外运球拖曳步运球

内—外运球通过单手快速拉回迷惑防守队员，结合拖曳步增加运球幅度和速度，逼迫防守队员调整最佳防守位置。

1. 动作方法

左脚向左侧迈一小步，右手单手内—外运球，迷惑防守队员，开始右侧的拖曳步。左脚蹬地，向右前方横向移动，重心逐渐提高，缩窄两脚左右距离，增加两脚前后距离，左脚尽量低的贴于地面拖动，躯干稍微扬起；头部上抬，眼睛阅读防守队员脚步移动，耐心寻找防守队员的防守破绽，当防守队员右脚在前左脚抬起时就采用体前变向换手运球突破，当防守队员左脚在前右脚抬起时就直接同侧加速突破。

2. 动作要点

（1）左脚快速前迈，佯装左侧突破；（2）右手向内带球后迅速拉回大力运球；（3）左脚拖地后迅速蹬地加速。

3. 应用提示

（1）内—外运球幅度适中，不要翻腕；（2）头部、肩部配合内—外运球做假动作；（3）拖步运球后既可以顺步突破，也可以接体前变向交叉步突破。

（二）胯下犹豫步运球

犹豫步是利用交叉步放缓身体节奏，异侧脚后撤，同侧脚前迈，结合摆头等假动作，使防守队员防守选择出现犹豫。

1. 动作方法

右侧突破为例。左手向右侧一次胯下换手运球，左脚向右前方交叉迈一步，右手悬浮球，左脚支撑减速阅读防守，右脚向右前方迈出，左脚迅速向左后撤，身体向左侧转髋、转肩、转头迷惑防守队员，当防守队员迟疑防守右路时，左脚蹬地，转身向右前方加速突破。如果防守队员抢防右侧，就胯下拉回从左侧突破。

2. 动作要点

（1）胯下运球接交叉上步；（2）抬高重心，右手悬浮球，观察防守队员；（3）防守队员迟疑后，左脚顺势蹬地加速突破。

3. 应用提示

（1）快慢节奏变化是完成犹豫步的基础 ；（2）交叉步轻盈并悉心阅读防守；（3）犹

豫步时的扭髋、转肩、转头动作要自然逼真。

（三）跨步急停弹回运球

对抗跨步急停弹回运球以退为进，利用跨步急停和对抗后弹创造突破、投球空间。

1. 动作方法

右侧跨步急停拉回为例。阅读到防守队员全力防守右侧，选择跨步急停拉回，右手运球，左肩主动与防守队员对抗，右脚向前跨步，脚后跟先着地，角尖指向前进方向；右脚全脚掌撑地，前脚掌内侧主要发力蹬地，左腿向前拖地保持身体平衡，右膝关节指向前进方向屈成90度左右；右手大力垂直运球，借助对抗反弹力向后弹回，双脚由前后开立小跳步转变为左右开立，右手右侧悬浮球；阅读防守队员的脚步，准备做下一个动作。当防守队员上左侧脚（右脚），选择体前变向换手运球突破；当防守队员上右侧脚（左脚），选择右侧直接加速突破；当防守队员原地防守，选择投球。跨步时脚步要大，充分对抗利于大幅度弹回；弹回左右开步间距适中，提高重心为后续突破做好准备。

2. 动作要点

（1）主动运球对抗；（2）右脚跟先着地形成很好支撑；（3）快速对抗，中速弹回。

3. 应用提示

（1）仔细阅读防守脚步，快速选择突破方向；（2）左手运球急停弹回做投篮假动效果更好；（3）对抗弹回后常选择顺步突破。

（四）胯下变向换手运球

胯下变向换手运球时两脚前后侧向适中开立，运球手向侧后方胯下运球，一则避免球碰到脚后跟失误，二则可以远离防守队员下方的手掏球，三则形成“口袋运球”便于衔接投球、传球、突破等下一个动作。

胯下突破重心前移原则：距防守队员较远时先胯下再降低重心，常用于进攻大个子队员的防守。距防守队员较近时先降低重心再胯下，常用于进攻小个子队员的紧逼防守。运球突破的前两步肩膀要超过膝关节，非运球手自然下垂，使重心向前向下移动，提高加速速度，抢占进攻身位。

1. 动作方法

右侧胯下换手运球为例。防守队员较近时，采用右脚向右前左脚向左后的开步，先降低重心；防守队员较远时，采用右脚向右前方迈一步，先接近防守队员再胯下运球。开始运球时，左手向右后方运球，击球于右跨正下方，右臂下垂后伸，五指下垂掌心朝向左前方，五指放松主动尽早触球，触球后屈肘前绕，右侧悬浮球，左脚前脚掌尽量多触地，躯干前倾转体形成加速姿态。一次胯下运球防守队员没有出现防守漏洞，右手立即从右腿前换手运球到左手，左手接球立即再做一次小而快的胯下运球，右脚小步前移，左脚跟进前移，阅读防守队员移动的脚步。防守队员通常会采用左脚在前的防守姿势，见到进攻队员向右路横移，左脚会向右路（防守队员左侧）移动一小步，右脚跟随向右（防守队员左侧）移动一小步，抓住防守队员右脚抬起的时机，迅速从右路直接加速突破。

2. 动作要点

（1）利用腿部移动保护球并快速前移重心；（2）向后侧后方运球，前拉球悬浮球；（3）胯下运球幅度要小，速度要快。

3. 应用提示

（1）阅读判断与防守队员的间距及防守队员的哪只脚在前；（2）近时先降低重心，远时先胯下运球；（3）连续两次胯下运球，迫使防守队员调整防守位置。

（五）后退运球

面对紧逼上前的防守，向后运球卸掉防守力气，获得突破加速空间。

1. 动作方法

右手运球为例。侧身运球应对紧逼防守，左手前臂抬起保护球，侧身运球后退，身体重心略向上太高，抬头观察防守，小步快速后退，拉开一定空间后再小跳步正面面对防守队员，化解对方紧逼威胁。整个过程动作幅度要小而迅速，重心起伏小，保持耐心。

2. 动作要点

（1）手掌触球后向内旋转，增加球在手上时间；（2）小步后退，阅读防守；（3）重心抬起，随时准备再次前倾加速。

3. 应用提示

（1）遇到紧逼保持耐心，以退为进；（2）后退两小步，可以接体前变向换手运球；（3）后退运球后可以迅速进行传球配合，不予防守队员纠缠。

第二节　运球突破技术

运球突破基础技术是运动员集训初期的重点训练内容，也是巩固运球突破技术需要长期坚持训练的技术。在高水平的比赛中，防守水平越来越高，基础的突破技术很难突破防守队员，高阶的运球突破技术随之应运而生。高阶运球突破技术强调身体重心高低动态起

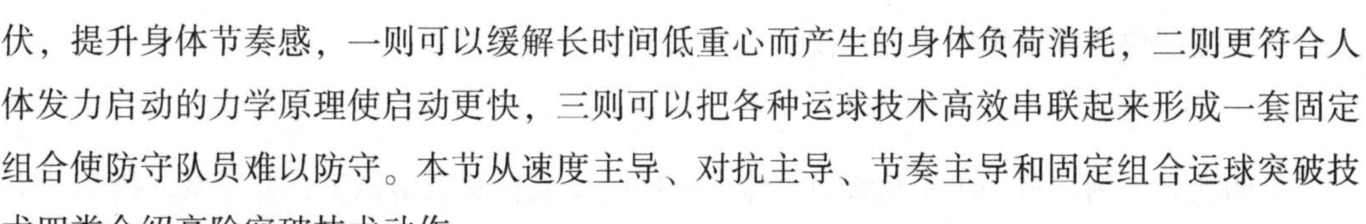

伏，提升身体节奏感，一则可以缓解长时间低重心而产生的身体负荷消耗，二则更符合人体发力启动的力学原理使启动更快，三则可以把各种运球技术高效串联起来形成一套固定组合使防守队员难以防守。本节从速度主导、对抗主导、节奏主导和固定组合运球突破技术四类介绍高阶突破技术动作。

一、运球突破技术—速度主导

（一）快速后转身运球突破

快速后转身运球突破更符合珍珠球运动快速移动的特点，常应用于摆脱防守队员的紧逼防守、持球单打和跳步急停后投2分球。

1. 动作方法

左手运球向右路后转身为例。左手向左侧运球，带动防守队员向左路移动，待防守者左脚抬起向左路（防守队员右侧）移动时，进攻队员右脚向中间前方快速收半步并作为转身中枢脚，右手臂向左前方伸保护球，左手大力运球后拉形成口袋运球，收球在腰间同时左脚向前蹬地，带动身体后转，左脚尖转向右路斜前45度即可；左手运球反弹于两脚之间，右手尽早触球，左手臂向右路前方伸，同时头部前探，重心进一步向前下向下方移动，减小身体的前稳定角，右手引球向前推进运球，右脚发力蹬地加速，右脚向右前方迈一小步，左手臂后摆保持身体平衡，顺势加速突破。

持球单打转身直接投球时，双手在腰间顺势合球向上，左脚蹬地跳起，左手保护右手快速投球。身体素质较好队员亦可，左手后拉球小跳步转身，转身幅度大一些，左、右脚交替着地，身体面向端线，双膝微曲，左肩倚靠防守队员后再投球。

跳步急停在投球终结区时，假动作结合后转身投球常常可以投出快速击地2分球。

2. 动作要点

（1）中枢脚向中间前方迈半步；（2）左手后拉快速转身90度左右；（3）转身启动重心保持中等高度，换手运球时再次降低重心加速。

3. 应用提示

（1）脚步要轻盈，节奏轻快；（2）右手要尽早衔接运球，左手臂前伸压住防守队员身体；（3）跳步转身投球时要正对端线投球；跳步急停时侧身面对端线，后转身快速投2分球。

（二）快速连续背后运球突破

快速连续背后运球利用背后运球的隐蔽性和连续运球晃动，迫使防守队员脚步变化，抓住防守漏洞快速突破防守的突破技术。

1. 动作方法

右侧突破为例。右手向左侧背后运球，运球的高度在膝关节以下，左手在左腿后方开始接触球，重心高度由中变低；左手触球后立即把球从背后推向右前方，左脚主要发力蹬地，两脚蹬起，身体向右前方跳动，重心略有提高，同时双脚打开形成右脚在前左脚在后的进攻步，右手尽早触球，左脚触地后立即发力蹬地，头部前下方探出，右脚向前迈出大半步，左手臂大幅度后摆，快速运球突破。两次运球要有节奏变化，第一次幅度小而隐蔽，第二次幅度大而快，随后顺步加速突破。

2. 动作要点

（1）保持运球节奏；（2）向右小跳步移动；（3）左脚触地及时蹬地加速。

3. 应用提示

（1）阅读防守队员的脚步移动；（2）突破要坚决；（3）加速左臂要向后摆动保持身体平衡。

（三）快速背后运球衔接后转身突破

在快速后转身运球突破和快速背后运球突破多次使用后，容易被防守队员提前预判而难以突破成功，结合两种突破技术增加变化往往就能起到意想不到的效果。

1. 动作方法

连续两次背后运球阅读到防守队员紧逼右路，选择左脚向中路前方收步，左脚角尖指向右前方并以左脚前掌为轴，右手大力垂直运球，再次接球向后拉，右脚向前蹬地向左前方转动，右脚跟先着地并向左前方转；右脚尖指向左路前方时，右手按拍球于右脚足弓内侧方，左手尽早衔接触球；右手臂前伸，右肩下探，头部前倾，重心向前下方移动；右膝前屈，左脚踝屈，为蹬地蓄力，左脚发力蹬地，向左前方迈出一步；左手向前推球，右臂由前向后摆动，右脚接着蹬地，两步加速突破。

2. 动作要点

（1）连续两次背后运球迫使防守队员快速移动；（2）背后运球向后跳步后左脚及时向中间收半步，增加转身速度；（3）转身后再次降低重心，形成很好加速姿势。

3. 应用提示

（1）及时洞悉防守队员选位；（2）转身幅度要小，速度要快；（3）右手放球时要贴近身体，既可以保护球，又便于左手快速衔接。

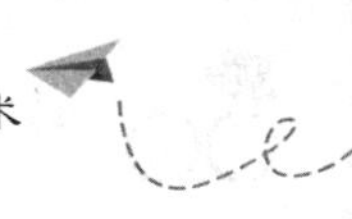

（四）快速背后运球衔接半转身突破

多次使用后转身突破，防守队员就会有预判，能及时撤步防守，采用与后转身相似动作半转身常能引诱防守队员提前移动，见状快速向同侧加速突破。

1. 动作方法

阅读到防守队员抢防左路应对后转身运球突破时，向右转身时头部转向左肩膀，眼睛从左肩向左下方阅读防守，判断到防守队员迅速由右路向左路启动堵截，就选择右脚转到一半（臀部朝向左前方）时停住，右手运球于体前形成“口袋运球”蓄势，右脚着地蹬地，向右前方迈步，左手臂向右前方伸，左肩下探，身体重心前移，右脚向右前方迈半步，右手运球至右脚外侧，左手臂开始向后摆动，左脚蹬地迈向右前方，加速超越防守队员。

2. 动作要点

（1）转头观察防守队员位置变化；（2）转身约 45 度停住；（3）大力运球连贯转身加速。

3. 应用提示

（1）洞悉防守的态度，阅读防守的选择是关键；（2）半转身后脚落地姿势即是蹬地加速姿势；（3）加速时运球到侧方保护球。

（五）变向误导突破

变向误导突破利用换手运球后身体晃动方向和运球方向相反，搭配转头、观察等假动作，进而误导防守队员的防守选择。

1. 动作方法

向右突破为例。左手中速向前推进运球，与防守队员间隔 2 米左右做体前换手运球，左脚向左侧轻踏步为虚，左手左摆保持身体平衡，右手触球悬浮，头部向左侧摆，目光向左侧看，向左侧晃动抖肩，右手引球悬浮；观察防守队员脚步是否向左路移动，当抬起右路脚（左脚）后移时；左脚立即迅速蹬拧，转膝、转髋、转身、探肩向右侧蓄力，身体重心由高到低增加爆发力，左脚交叉步向右前方迈出，右手向右前方运球，右脚蹬地发力超越防守队员。

2. 动作要点

（1）中速移动保持距离；（2）脚、身、头假动作误导防守队员；（3）左探蹬拧蓄力，右侧爆发突破。

3. 应用提示

（1）动作要简洁流畅，不要离防守队员太远；（2）阅读防守队员后撤移动的脚，及时蹬地加速；(3) 胯下运球变向误导、背后运球变向误导具有更大的冲击力，观赏性和实用性并存，难度系数更高，要求更高的球性和身体协调性。

（六）持球钟摆突破

通过简洁迅速的两次摆动迷惑防守队员，接着快速下摆推放球蹬地加速超越防守。

1. 动作方法

以左脚为轴为例。接球后正面面对防守队员，此时身体放松重心略高，使防守队员开始防守。见防守队员略有松懈开始做假动作迫使防守队员紧张而调整防守姿势；双手持球向腰部右侧迅速摆动，右脚向右前方摆踏小步为虚，右脚和右手同时制动，重心保持运动启动式的高度。发现防守队员向右路抬脚移动，双手持球向左腰部摆动并伴随肩、头、眼的假动作，幅度要小动作要快，右脚随动向左侧滑动。观察防守队员一旦后撤左路脚（右脚），左脚踩紧地面前脚掌内侧主要发力向左侧蹬地，双臂带动双手画 C 形，立即由左腰部向右前下方摆动，右脚微抬起向前迈出，向右侧转体、侧身、探肩，右手推放球至右脚外侧，尽量降低重心，使左手能触地掠过，左脚蹬地加速超越防守。

2. 动作要点

（1）面对防守中速摆动晃动；（2）刺探步摆动—回摆为假；（3）三摆转体探肩先放球。

3. 应用提示

（1）假动作由慢变快，球由高变低；（2）刺探步、回摆时前脚均贴地滑动；（3）及时放球，避免走步违例。

（七）弓箭步急停投球

在高速运球中大弓箭步极速稳定急停，非运球手臂与防守队员进行身体对抗，迫使防守队员后移，创造出投篮空间。

1. 动作方法

向右侧突破为例。右手运球高速移动，左手前臂略抬起指向前进方向，重心保持中等高度，高速移动中左脚靠近防守队员。右脚向前迈出一大步，脚跟先着地过渡到脚前掌撑地。右手大力垂直运球至右脚侧面，左肩左臂与防守队员强力对抗，降低重心，左脚跟进前拖保持身体平衡。右手向后拉球，两脚向后小跳，创造出投球空间，小跳后前脚掌触地

后立即跳起投球。

2. 动作要点

（1）高速运球主动找对抗；（2）右手运球右脚弓箭步急停；（3）对抗后跳，脚前掌触地后快投球。

3. 应用提示

（1）运球推进速度要快；（2）右脚尽量向正前方迈出；（3）向同侧后方小跳，防守队员更难封盖。

二、运球突破技术—对抗主导

（一）对抗急停换步变向突破

对抗急停换步变向突破利用对抗创造空间，借助弹力快速腾空换步变向，通过胯下运球快速超越防守。

1. 动作方法

右手运球左侧突破为例。向右前方加速运球，左上臂自然下垂前臂抬起 90 度左右保护球，左前臂主动与紧逼的防守队员对抗，带动防守队员左脚撤步防守。右手同时大力垂直运球促进对抗的力度并保持身体平稳。右脚脚跟先着地屈膝弓步急停，左腿拖地跟进；对抗和急停势必会创造出空间，阅读到防守队员抢前上步堵截右路，此时是非常好的突破时机。双脚同时上蹬略有腾空抬高重心，双脚贴地换步同时转体向左侧，着地形成左脚在前的进攻步。右手悬浮球在换步着地中即开始向左做胯下运球，右手离球后向左前方伸，右肩前探快速压低重心，右脚迈向左前方，加速超越防守。

2. 动作要点

（1）加速对抗同侧弓箭步急停，步伐幅度适中；（2）换步、转体、胯下运球快速同时进行；（3）胯下运球同时重心向前下方移动。

3. 应用提示

（1）突破前奏运球要富有变化，加速对抗运球；（2）对抗时靠近防守队员的手臂切勿主动挥动；（3）急停重心要低，贴地换步重心略有抬起。

（二）对抗欧洲步突破

对抗欧洲步在做欧洲步前增加对抗的一种技术，通过主动对抗创造空间，利用欧洲步进一步绕开防守队员的防守。难点在于人球结合要好，对抗位置时机要正确，球跟随身体摆动，加速对抗，减速欧洲步，保持好节奏。

1. 动作方法

右手运球为例。右手快速运球推进，面对贴身紧逼的防守队员屈膝前探身降低重心，左前臂抬起增加与防守队员的对抗面积；左脚主动迈向防守队员为对抗蓄势，右手大力运球，左脚发力后蹬，左肩左肘主动碰撞防守队员，身体由下向上撞开防守；右脚向前迈一大步同时双手右侧合球，右脚脚跟先着地减速；阅读到防守队员在对抗后又向前防守时，右脚向右蹬发力，带动身体左转，左肘引领把球从头上画弧线摆向左侧，肘部从防守队员面前划过，但不要去肘击防守队员，躯干随之左转；左脚向左侧迈出一步绕开防守，双手持球从左侧上举，左脚蹬地起跳，空中调整姿势二次发力投球。在主动对抗时手肘直接往防守队员身上靠，可以引诱防守队员做出推人或拉手犯规。

2. 动作要点

（1）面对防守队员加速推进找对抗；（2）对抗后减速阅读防守；（3）摆臂幅度要大，带动身体转动。

3. 应用提示

（1）左脚要主动靠近防守队员是重点；（2）对抗中第二步要大，重心要低；（3）左手运球对抗欧洲步创造投球空间更大，但难度系数较高。

（三）侧身对抗转髋坠步突破

侧身对抗转髋坠步突破利用侧身对抗保护球并创造突破空间，转髋快速坠步快速调整突破姿势，提升突破速度，以此解决高水平贴身防守难找到变向加速的空间，单手同侧强行运球突破浪费体力且效率不高，直接变向很容易失误等问题。

1. 动作方法

右手运球为例。左侧肩膀侧对防守队员，左前臂抬起保护球，右手大力垂直运球，身体重心保持中低水平上下起伏，左肩主动由下至上与防守队员的躯干对抗，对抗比较充分时往往能获得一定空间，此时左脚向左后方撤，右脚蹬地向右前方迈步，转髋转身朝向右前方，右手后引球，形成向右侧攻击步。贴身紧逼的防守队员见到被撞开且获得空间，常会继续迎上紧逼防守；此时充分利用相向运动产生的超越效果，坠步时的牵张反射加速效果，重心前移前稳定角减小的加速之势，迅速蹬地加速，左脚蹬地前迈，右手向右前方运球，左手臂后摆，充分加速向右前方突破。

2. 动作要点

（1）对抗时重心由下向上；（2）对抗后及时转髋撤脚坠步；（3）利用相向运动、牵

张反射、重心前下移动的三个加速要点，增加突破的效果。

3. 应用提示

（1）中速侧身推进保护球；（2）对抗时重心要上提而不是下沉；（3）对抗后脚步转换要迅速。

（四）侧身插步对抗弹回突破

侧身插步对抗弹回突破如同侧身弹回坠步突破，但这个动作更加主动，强调上步插向防守队员两脚之间碰撞对方的躯干，弹回时双脚平行落位，创造突破空间。

1. 动作方法

右手运球左脚插步为例。右手运球推进靠近防守队员，右手悬浮球，右脚为轴，左脚上步插向防守队员两脚之间，右脚蹬地的同时大力运球，侧身左肩由下向上碰撞防守队员，借反弹力小跳步拉回左脚，双脚平行落地，屈膝、屈髋成运动启动式，正面面对防守队员，右手悬停球。弹回时快速阅读防守队员左脚上步还是右脚上步，如果右脚上步欲封堵左路，选择体前变向换手运球、胯下换手运球从左路突破；若左脚上步欲封堵右路，选择顺步突破、内—外运球突破、半转身突破从右路突破。当没有很好机会时要保持耐心，再做一次上插步弹回，根据防守队员姿势选择不同的突破技术和方向。

2. 动作要点

（1）左脚蹬地前插，右脚为轴前转身；（2）插步同时大力垂直运球增加对抗；（3）仔细阅读防守队员的脚步。

3. 应用提示

（1）低重心向上对抗；（2）插步、运球、对抗三个动作要连贯，而且左右手均能做；（3）小臂抬起增加保护球面积但不能挥肘。

三、运球突破技术—节奏主导

（一）进攻节奏变换突破

掌握进攻节奏会让得分变得轻松且富有弹性，增加比赛的观赏性。进攻节奏是运球队员调整运球节奏和姿势迫使防守队员不断改变防守位置，趁其不备攻其松懈的防守位置。注意进攻节奏不是快速奔跑和快速运球，因为一直高速移动和快速运球使防守队员一刻都不敢放松，防守队员知道进攻队员随时会突破或投球，这样的进攻非常费劲效率低下。

1. 动作方法

右手运球推进为例。右手从后场运球快速推进，到进攻衔接区域突然放慢运球，右手换手运球到左手，左脚为轴前转身，眼睛从右侧观察防守队员，左手向左侧运两次球意在找队员传球，一旦防守队员身体重心提高，右路脚（左脚）抬起向左路，左手迅速向右路推球，左脚蹬地向左前方迈步，左手推球后向右前方伸，右脚为轴向右前方转身，左脚迈向右前方，随后右脚蹬地加速突破。减速慢运球的时候一定要真正想着传球，从而增加节奏的真实性，在亦可传球亦可突破时进攻动作才会逼真，然后选择运用转身变向迅速超越防守。

2. 动作要点

（1）快慢结合；（2）加速时重心快速前移降低；（3）侧对防守线观察防守队员脚步及重心，转身推球快加速。

3. 应用提示

（1）移动速度和运球速度要快慢结合；（2）要真想传球使动作真实化，避免花哨动作；（3）洞悉防守队员的身体姿态和面部表情，准确判断防守意图。

（二）剪刀步同侧加速启动突破

剪刀步利用快速交换前后脚的位置获得降低重心形成进攻启动步，动作有很强迷惑性且具有快速简洁的特点。

1. 动作方法

右侧突破为例。高速运球过渡到中速运球让防守人放松警惕，右手运球，左脚微微抬起，佯装向右侧做交叉步突破，左脚抬到一半突然下落回拉，两脚迅速在空中剪切换位。双脚落地后直接压低重心，利用牵张反射提升启动速度，左脚蹬地加速，使防守人措手不及。如果防守警惕性较高，向右路移动防守，选择右脚蹬地，顺势做一个右手向左手的体前变向换手运球，然后压肩加速，从左侧运球突破。

2. 动作要点

（1）中速移动中变换脚步；（2）脚步后拉前迈干脆利落；（3）重心由高向前下方滑动。

3. 应用提示

（1）慢抬起腿，快速前后交换；（2）做剪刀步后直接加速；（3）剪刀步同侧加速突破和剪刀步交叉步突破结合使用。

（三）刺探步接交叉步运球突破

刺探步接交叉步运球突破极具爆发力，通过刺探步增加突破的变化，增加变向时的幅度和速度，迫使防守队员不断调整防守位置，抓住调整不及时的时机，快速交叉步突破或顺步突破。

1. 动作方法

右手运球刺探步向左侧交叉步为例。右手运球后悬浮球，右脚向右前方快速刺探半步，左脚在后，髋、膝、踝弯曲重心降低；阅读到防守队员的右脚后撤时，右脚蹬地迈向左前方，右手向左侧高手体前换手运球，身体转向左前方，左手快速触球后引；右手向左前方伸，左脚前脚掌内侧蹬地向左前方迈步，右手臂向后甩动，左手臂向左前方推放球，加速超越防守队员。

2. 动作要点

（1）手臂运球配合脚刺探步；（2）向斜前上方刺探步；（3）高手体前换手运球，身体随之转动。

3. 应用提示

（1）刺探步要突然；（2）阅读到防守队员后脚抬起，立即交叉步；（3）刺探步后同侧出现漏洞，选择顺步突破。

（四）犹豫步运球突破

运球急停，快速前后转换重心，抓住防守队员防守犹豫时机快速突破。

1. 动作方法

向右侧突破为例。右手推进运球，重心向前移，左脚向右前方踏步，触地后立即转胯，右脚向后蹬地向右前方前迈步，左脚向左后方撤，做前后分腿坠步急停；急停后右脚向前蹬地，身体抬起，配合头部和肩部晃动迷惑防守队员，重心向后移动；阅读到防守队员向前移动，左脚快速向后蹬地，左手臂向右前方伸，左肩右探，头部右伸，将重心再次转移到右脚，右手向右前方推放球，左脚迈向右前方，左手臂后摆，右脚蹬地迈向右前方，加速超越防守。

2. 动作要点

（1）左脚前踏，快速后撤；（2）急停重心后移抬高，加速重心降低前移；（3）手臂、头部、肩部配合晃动。

3. 应用提示

（1）撤步分腿坠步急停是重点；（2）重心连续过渡转移是难点；（3）抓准防守队员重心抬起瞬间的时机，及时加速突破。

（五）放球误导突破（山姆高德）

放球误导突破是利用假掉球引诱防守队员抢球，随之同侧脚迈出一大步，异侧手快速拉回进而摆脱防守的突破技术。该技术动作具有误导性强、速度快、观赏性的特点，被性格活泼的高水平队员所喜爱，比赛使用该技术能很好活跃全队气氛。

1. 动作方法

以右侧突破为例。左腿在前时左手将球向左侧 45 度推放，使球向前有一定弧线反弹到腰部高度，右脚向左前方做“空步”交叉步，制造球脱手的假象；防守球员会下意识地认为运球队员失去了对球的控制，从而伸手抢球造成重心前移。防守队员重心前移时，右脚迅速后拉，左脚向左前方迈出一大步支撑减速，右手接球向右后方拉，右脚蹬地向右前方迈步，右手把球向右前方推进，左脚蹬地促进身体二次加速向右前方。

2. 动作要点

（1）右脚向右前迈步为空，及时拉回控制身体平衡；（2）左脚充分支撑避免重心过渡左移造成难以向右侧变向；（3）向后拉球避免被抢断，向前推球增加推进速度。

3. 应用提示

（1）放球动作要逼真；（2）拉球动作要迅速；（3）重心要由左至右，由上向下促加速启动。

（六）侧身前转身顺步突破

侧身运球接前转身顺步突破依靠对抗顶开防守队员，在防守队员上抢防守时快速前转身绕开防守队员的一种突破方法。突破时中等速度，一次对抗结合一次快速前转身是重点。

1. 动作方法

右手运球为例。右手运球推进，右脚为轴，左脚蹬地上步侧身面对防守队员，上步后大力运球，与防守队员进行身体对抗，右手接球后悬浮球；对抗后见防守队员再次上前紧逼，选择紧贴防守队员，以左脚为轴，降低重心，左手微抬压住防守队员身体，右脚发力向后蹬地，快速强力前转身，右脚向右路前方迈步，右手向右前方运球，左脚蹬地前迈，加速超越防守。左右两侧均要熟练掌握侧身运球和前转身技巧，在富有节奏的侧身、前转

身中把防守队员转到身后。

2. 动作要点

（1）右脚在后蹬地，左脚为轴前转身；（2）重心降低大力运球同时向上对抗；（3）贴住防守队员，左脚为轴右脚后蹬快速前转身。

3. 应用提示

（1）低重心快前转身，转开防守队员是难点；（2）加速前转身，转身后向正前方移动，隔开防守队员；（3）遇到强壮且善于紧逼的队员，硬碰硬转身很难取得良好的效果，可采用转身时主动放松与防守人接触一侧的肩膀，达到卸力的目的，即身体变为侧身，从防守队员身边划过。

四、固定组合运球突破技术

（一）双胯下接大变向运球突破

连续两次胯下寻找节奏，衔接大变向加速甩开防守。

1. 动作方法

右手向左侧胯下运球为例。右手向左侧一次胯下运球，左脚向左前方前移，重心由高变低，拉回时右脚前移，重心抬高，右手掌心触球滑动右侧悬浮球，连续做两次胯下运球作为突破前奏运球，迫使防守队员移动脚步。见防守队员右脚抬起向进攻左路时，右脚向右后方蹬地，右手向左侧换手运球，左脚稍微后撤，右手推球后向左前方伸，使身体重心前移，右脚交叉步向左路突破，左手接球向左前方推运，右手向后摆动保持快加速及平衡，左脚向后蹬地，加速超越防守队员。

2. 动作要点

（1）连续胯下运球迷惑防守队员；（2）左右抖动身体保持进攻节奏；（3）大变向低重心快加速。

3. 应用提示

（1）胯下运球是找防守漏洞，有机会及时突破；（2）大变向前左脚收右脚蹬；（3）节奏为快慢—快慢—大变向。

（二）双胯下换手运球衔接双变向换手运球

双胯下运球是中速的1-2节奏运球，双变向换手运球是快速的1-2节奏运球，通过换手运球的方式和节奏变化迷惑防守队员，从而寻找突破空间。

1. 动作方法

右手运球为例。右手向左侧一次胯下运球，同时双脚向左侧垫步移动，左手接球后从左腿外侧换手运球，重心由高变低再到高，双脚由平行变为向左前方开步，中速运球调动防守队员向左路移动，接着右手快速向左侧一次体前换手运球，左脚向左前方垫步，左手触球外展，观察防守队员左路脚（右脚）向左抬起时，左手立即向右侧推球大幅度体前变向换手运球，右手触球引球，左手向右前下方伸，左脚蹬地，右脚向右前方迈，右手推放球，右脚蹬地，左手臂后摆，左脚前迈超越防守队员。

2. 动作要点

（1）保持 1-2 的运球节奏；（2）中速胯下换手运球，快速体前变向换手运球；（3）重心动态变化，快速突破时降低重心。

3. 应用提示

（1）向左侧胯下运球时向左侧垫步横移；（2）第一次体前换手运球小而快；（3）突破时身体随球移动的节奏要协调。

（三）分腿坠步接交叉步运球突破

分腿坠步衔接交叉步运球突破借助分腿坠步快速启动的特点和交叉步快速改变方向的特点，使防守队员难以判断进攻的方向。

1. 动作方法

右手运球分腿垫步向左侧交叉步运球突破为例。右手高手运球正面面对防守队员，保持与防守队员一步间距，待防守队员略有放松时，右手悬浮球，双脚快速小跳，右脚伸向右前方，左脚伸向左后方，身体重心快速下降，双脚同时落地；阅读到防守队员选择后撤左脚向进攻右路防守右侧突破时，右手向左侧体前换手运球，右脚快速蹬地迈向左前方，左手触球后引，右手伸向左前方，身体转向左前方，双膝双脚指向左前方；左手向前推放球，右臂向后摆动，左脚蹬地向左前方迈步，加速超越防守队员。

2. 动作要点

（1）坠步降低重心；（2）右手体前换手运球并转体向左前方；（3）左脚蹬地二次加速。

3. 应用提示

（1）正面面对防守队员；（2）坠步后前脚立即蹬地交叉步；（3）左手触球后向前推放球，促进加速。

（四）拖曳步接交叉步运球突破

拖曳步接交叉步运球突破利用拖曳步幅度大、动作流畅的特点，迫使防守队员不断调整位置，当出现漏洞时，采用交叉步快速突破防守。

1. 动作方法

向左侧拖曳步，向右侧交叉步为例。右手运球，与防守队员间隔一步距离，右手向左侧一次胯下运球，身体重心降低，身体向左侧转动，双脚向右侧蹬地，向左侧拖步横移，观察防守队员的右脚是否抬起，球在左手心滑动悬浮来增加动作幅度与滞留时间，一旦防守队员右脚抬起向右后方（进攻方向左路）抬起，左手向右侧做体前换手运球，左脚蹬地迈向右前方，右手触球后引，左手向右前方伸，重心向前下方移动，右手向前推放球，左手臂向后摆动调控身体平衡，右脚蹬地迈向右前方，加速超越防守。

2. 动作要点

（1）胯下运球拖曳步；（2）双脚同时蹬地向左侧移动；（3）阅读到防守队员后脚抬起，立即变向变速突破。

3. 应用提示

（1）向左拖曳步时重心抬高；（2）左手悬停球要低并观察防守队员的脚步；（3）没有很好进攻机会，多两次胯下拖曳步寻找机会。

（五）内—外垫步运球接体前换手垫步运球突破

内—外垫步运球接体前变向垫步运球突破利用两次运球横移，调动防守队员移动，在节奏中寻找突破时机。

1. 动作方法

右手内—外运球后向左侧体前换手运球为例。右手运球，身体重心降低做一次内—外运球，向右侧做一次垫步横移，身体重心抬高，右手悬浮运球阅读防守，接着身体重心降低做一次体前换手运球垫步横移，身体重心抬高，左手悬浮球阅读防守，中间不要有多余的运球动作，如此反复迫使防守队员不断调整脚步；任何一次垫步时出现防守漏洞，立即快速顺步突破超越防守队员。

2. 动作要点

（1）内—外运球后垫步时重心抬高；（2）向左侧体前变向时左脚前迈并垫步；（3）后脚充分触地，及时蹬地加速。

3. 应用提示

（1）运球节奏是重点；（2）脚步要灵活快速富有弹性；（3）每次运球都形成进攻步，有机会立即加速突破。

（六）胯下运球垫步接体前变向换手运球突破

胯下运球垫步接体前变向运球突破利用胯下运球的保护性和垫步横向移动性迫使防守队员调整脚步，再利用快速的体前变向换手运球快速突破防守。

1. 动作方法

右手运球向左侧胯下为例。右手运球推进与防守队员间隔一步距离，左脚向前迈半步，右手大力向左侧胯下运球，左手触球悬浮球，左脚向左前方垫步；左手悬停球时观察防守队员的脚，当防守队员右脚抬起向右方时，左手立即向右体前换手运球；左脚蹬地，左手向右前方前伸，右脚向右前方迈步，右手向前推放球；左手臂后摆，左脚向右前方迈，加速超越防守。

2. 动作要点

（1）胯下运球与体前变向运球衔接要流畅，一中一快节奏要鲜明；（2）胯下运球时重心降低，体前变向时左手前伸进一步前移重心；（3）左脚蹬地，右脚前迈，快速抢步超越防守。

3. 应用提示

（1）体前变向换手运球节奏要比胯下运球节奏更快；（2）垫步时抬高重心，身体停顿；（3）阅读到防守迟疑，直接左侧加速突破。

第五章　珍珠球运球突破移动进攻——战术配合

珍珠球运球突破移动进攻战术是以队员运球突破为核心的进攻战术，水区4个位置队员都需要具备扎实的运球突破技术，比赛中连续不断运球突破，使防守队员难以防守。连续突破旨在迫使对手补防、协防时出现防守漏洞，争取突破队员直接面对挡板队员，寻找2分球或轻松1分球投球机会。这种战术需要四名队员能够不断地突破，要求队员既要具备远投1分球的能力，还要具备突破到终结区创造投2分球的能力。

突破中队员有三种选择：滞空投1分球或2分球，传球给顺切或交叉切的队友，急停转身或外弹投2分球。

采用盒子站位和菱形站位均可，所有队员根据球的移动不断轮转。保持高落位，留足突破、顺切、交叉切和背切等的通道和空间。

第一节　战术配合基本原则

本节介绍珍珠球运球突破移动进攻战术配合的基本原则，从包切传球、后卫传球给锋线后中路切入、迎面运球背切拉空、侧翼传球给中路队员、快速掩护、中锋上提策应、积极回敲传球、锋线发动突破、后卫传球跟进和中锋转移球进行展示。

一、包切传球

在侧翼的队员先向下假动作然后向上跑动，围绕运球队员向上包切其积极的回传球，见图5-1。

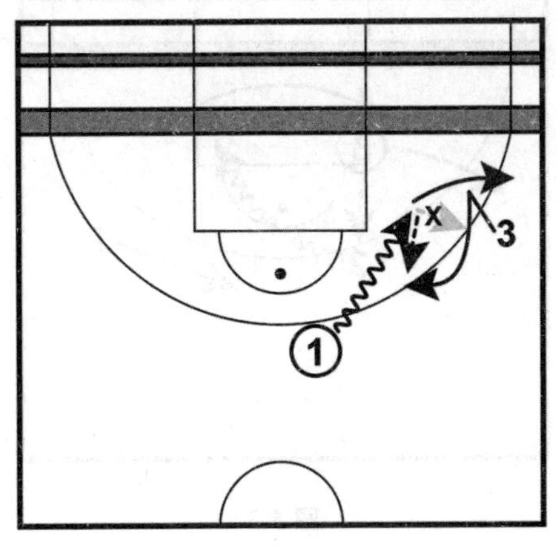

图5-1

1 运球突破到右侧拐角跳步急停，正常情况下，3 沿端线向中路切入。如果防守队员防守端线，3 就向上移动，围绕 1 进行包切，3 得球后直接进攻，1 传球后移动到侧翼，见图 5-1。

1 不要过早传球给 3，1 急停后不转身的情况下，尽量向上线传球引领 3 在快速移动中接球。

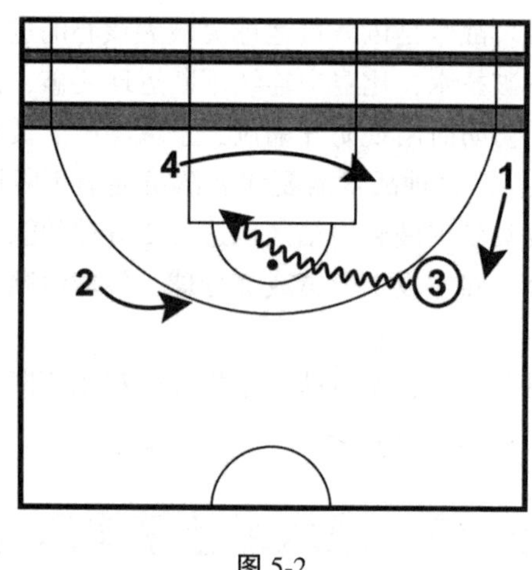

图 5-2

3 向左侧运球突破；

4 从左侧端线向右侧移动；

2 在上线向中路移动；

1 向侧翼移动，见图 5-2。

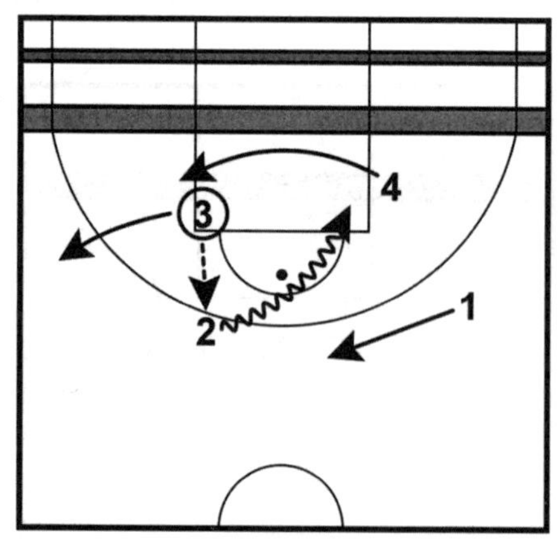

图 5-3

3 突破到左侧拐角，回敲传球给 2 后向左侧翼移动；

2 接球后向右侧运球突破进攻；

4 在右侧底线向左侧移动，见图 5-3。

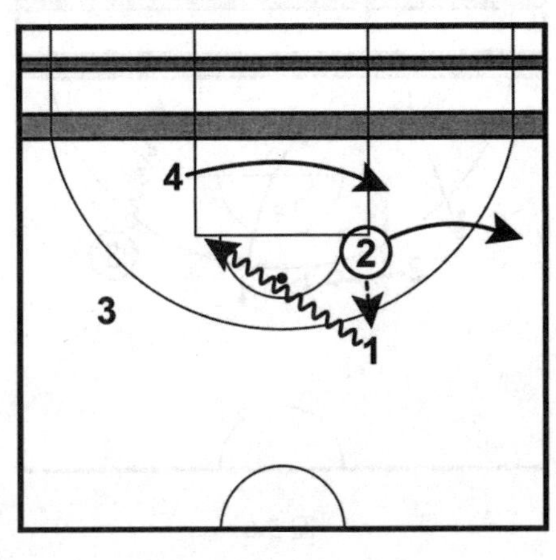

图 5-4

2 运球突破至右侧拐角，回敲传球给 1；

1 接球后向左侧拐角运球突破，准备传球给向中移动的 3，见图 5-4。

如此循环突破，攻其防守松懈之时。

二、后卫传球锋线中路切入

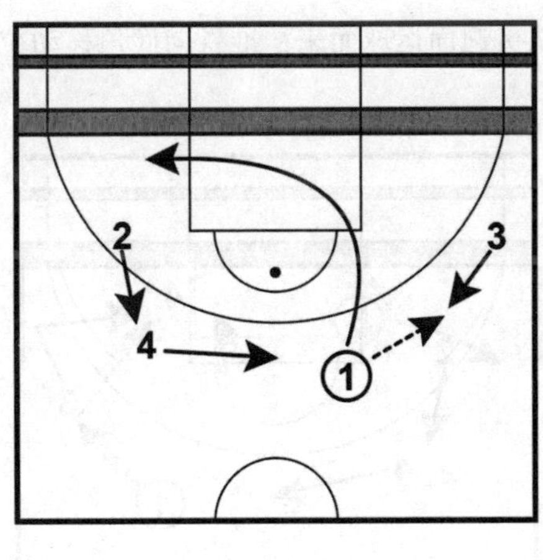

图 5-5

1 作为后卫队员首要任务是运球突破对方的防线；

为了分散进攻压力和增加战术变化，1 可选择传球给右侧翼上提的队员 3；

1 传球后从中路向端线弧线切入，途中伺机接 3 的传球，没有机会则向内角处移动；

4 向中路横移，2 上提到侧翼，见图 5-5。

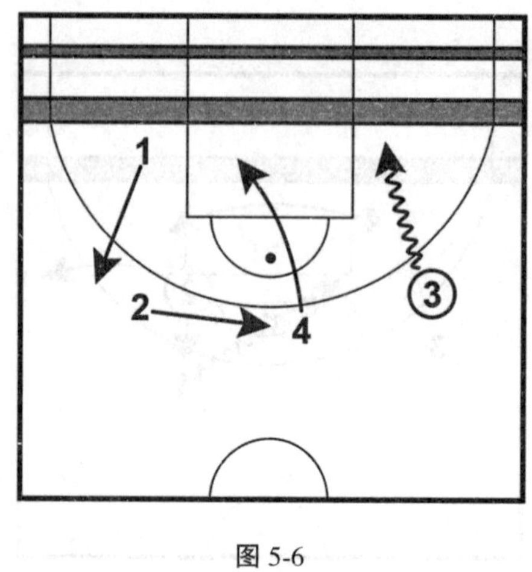

图 5-6

3 接球后可以向端线运球突破；

4 向端线跟进；

2 向中路移动；

1 向左侧翼移动，见图 5-6。

3 亦可以传球给弧顶的 4，4 接球可以从中路突破。

三、迎面运球背切拉空

侧翼队员在看到运球队员迎面运球而来，准备向底角移动拉开后向中路切入，随后移动到左侧内角处。

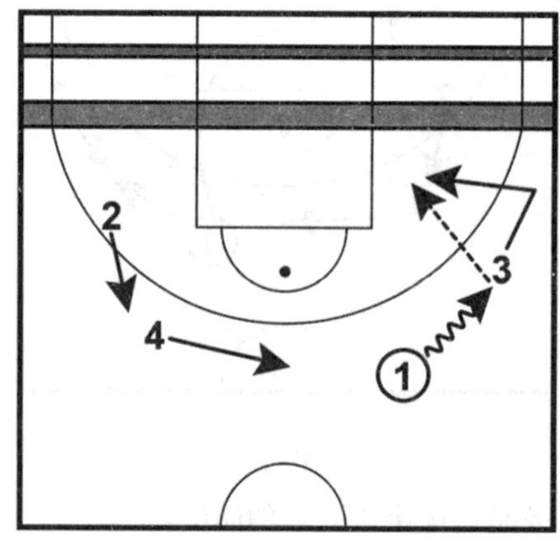

图 5-7

1 向侧翼队员 3 运球，3 见 1 迎面运球而来先向下移动拉开，随后向中路切入；

1 没有机会传球给 3 就向中路传球给迎来的 4；

2 向上移动到左侧翼，见图 5-7。

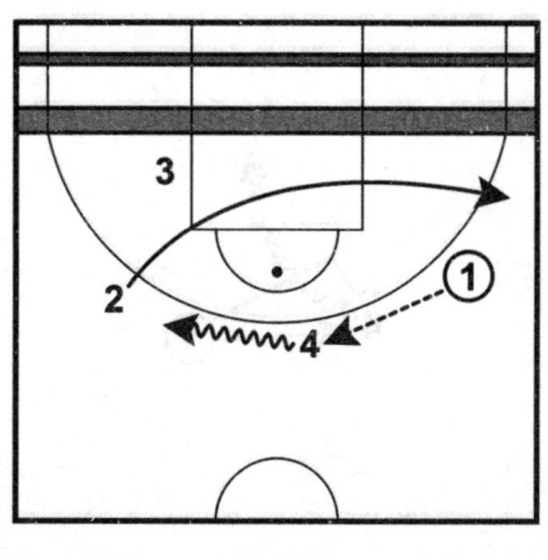

图 5-8

4 接 1 的传球向左侧翼运球。

2 向右底角切入，伺机接 4 的传球，见图 5-8。

四、侧翼传球给中路队员

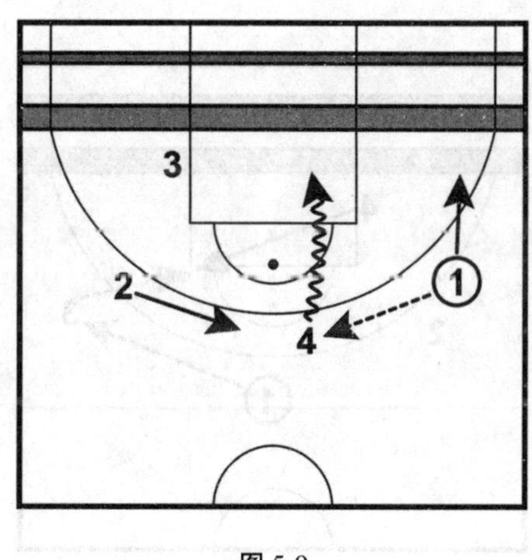

图 5-9

1 运球到侧翼后向弧顶传球给迎面来的 4；

4 接球后向端线运球突破，在途中观察有机会传球给两侧队员；

1 下顺切入准备接 4 的传球；

3 伺机而动准备接 4 的分球；

2 上提到弧顶区域，见图 5-9。

五、快速掩护

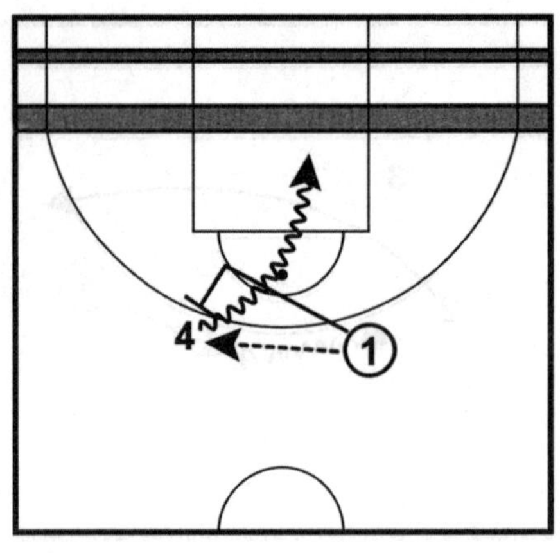

图 5-10

1 传球给 4，然后为 4 建立一个快速的掩护，稍作停留待进攻队员发动进攻向上移动；

4 利用掩护向中路运球突破至中端区域，见图 5-10。

上线队员均可以发动传球快速掩护配合，创造进攻机会。

六、中锋上提策应

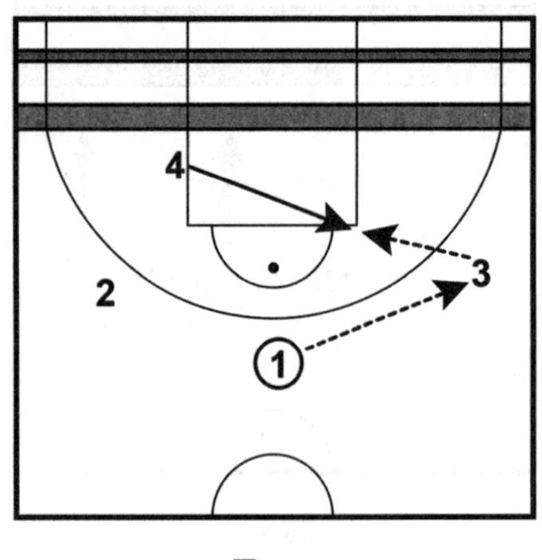

图 5-11

1 传球给右侧翼 3；

4 摆脱向右侧拐角上提，并高举右手示意传球；

3 高吊传球或击地传球给 4，见图 5-11。

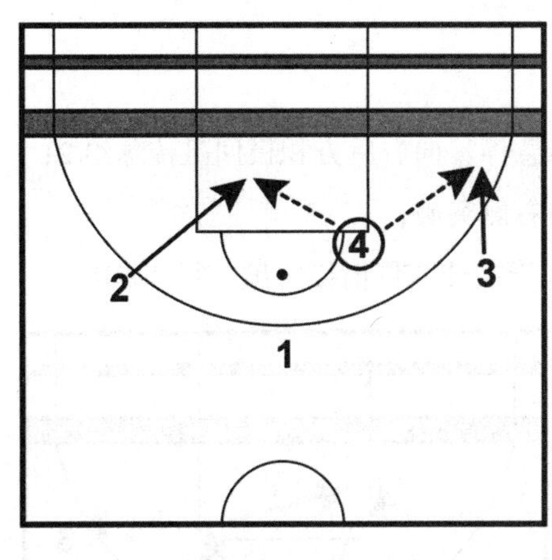

图 5-12

4 接球后转身面对底线，观察左右两边的切入队员；

3 向端线切入；

2 向左侧限制区内角切入，见图 5-12。

七、积极回敲传球

运球队员把球回传给临近包切的队员，借助移动和位置交叉打乱对方防守部署，然后继续运球突破。

回敲传球是两个队员保持 2 米左右距离的传球，分为积极回敲和消极回敲，积极回敲带动包切队员加速接球；消极回敲过早把球传给包切队员，接球后无法形成很好的进攻时效性。

回敲球类似橄榄球向后传球，积极主动以球领人，不同于“8”字围绕传球及手递手传接球。

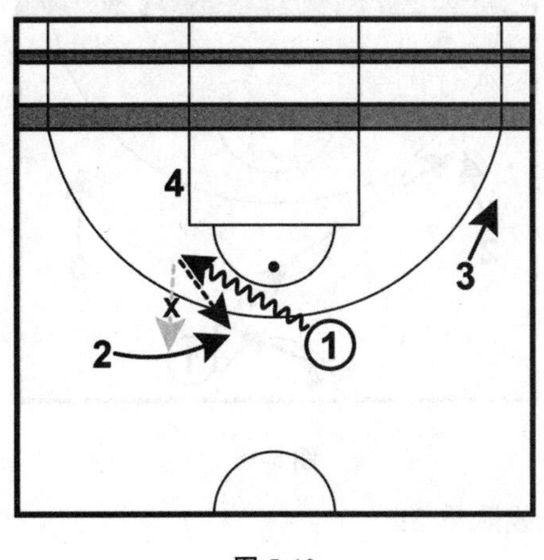

图 5-13

1 向左侧运球突破；

2 随手向右包切；

1 在左侧拐角上方跳步急停，向右后方积极回敲传球给 2；

2 在高速中接传球，向右侧突破；

X 处为消极回敲，不利于接球队员衔接突破，见图 5-13。

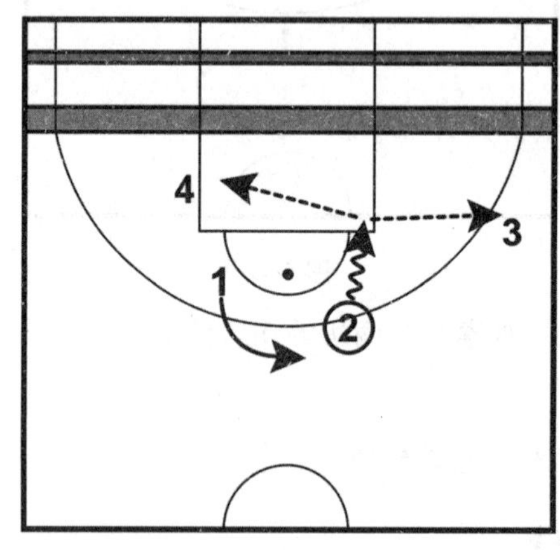

图 5-14

2 运球突破遇堵可选择在拐角附近跳步急停，观察左右分球给 4 或 3；

1 向弧顶移动保护后场，见图 5-14。

八、衔接段进攻—锋线发动突破

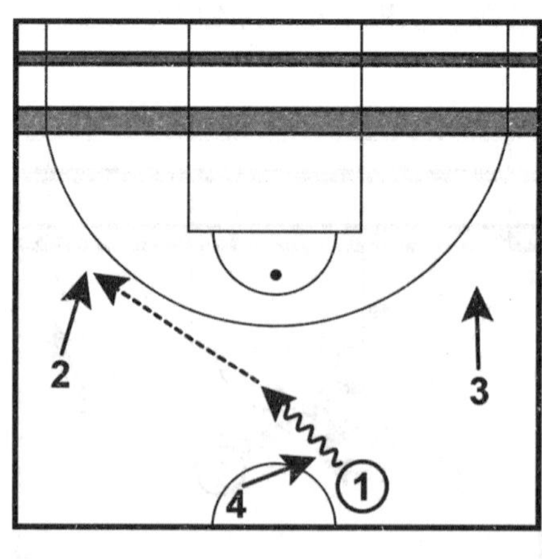

图 5-15

1 推进中传球给左侧锋线队员 2；

3 向右侧翼移动，见图 5-15。

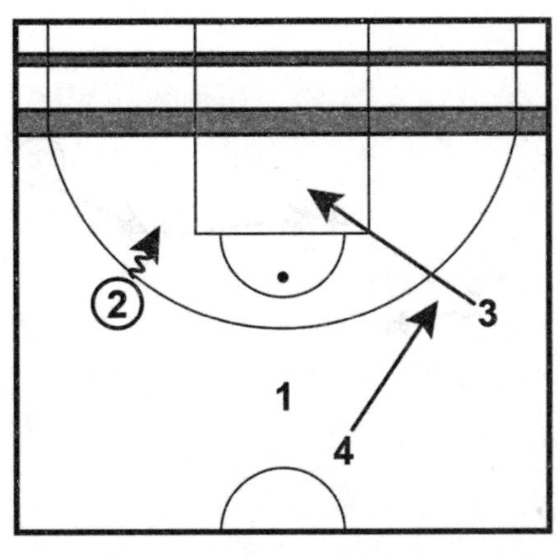

图 5-16

2 接球后直接向端线突破；

3 向中路切入，准备接 2 的传球；

4 向右侧移动，准备接 3 的触式传球，见图 5-16。

九、衔接段进攻—后卫传球跟进

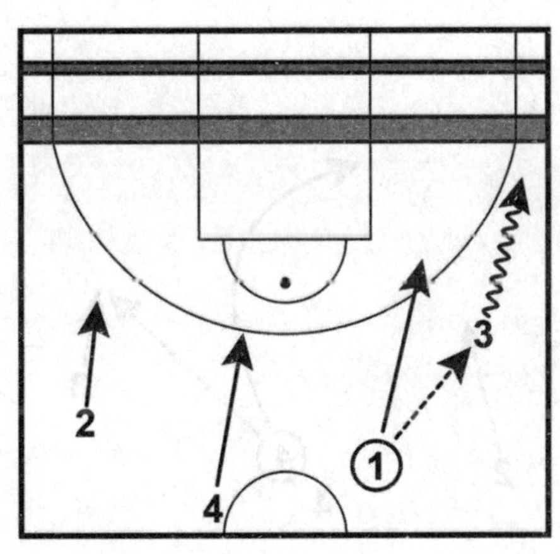

图 5-17

1 运球推进传球给同侧锋线 3，3 接球后向右侧底角继续突破；

1 跟随切入，4 从中路跟随下切，2 向侧翼移动，见图 5-17。

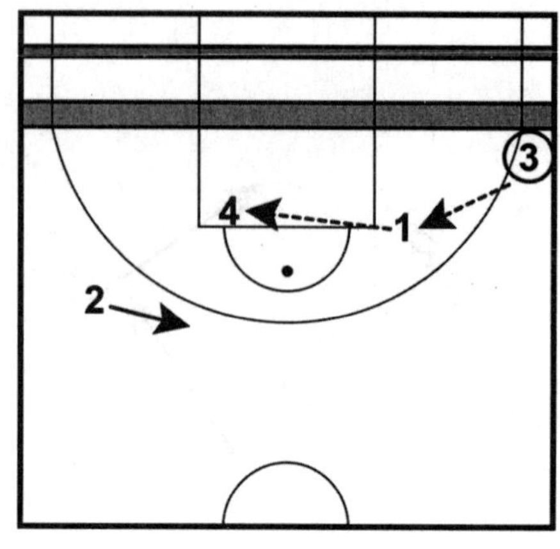

图 5-18

3 突破到底角首先投 2 分球，没有机会向后回传给 1；

4 接 1 的触式传球，4 首先寻找 2 分投球机会，没有机会则迅速完成 1 分投球；

2 向中路弧顶移动，见图 5-18。

十、衔接段进攻—中锋转移球

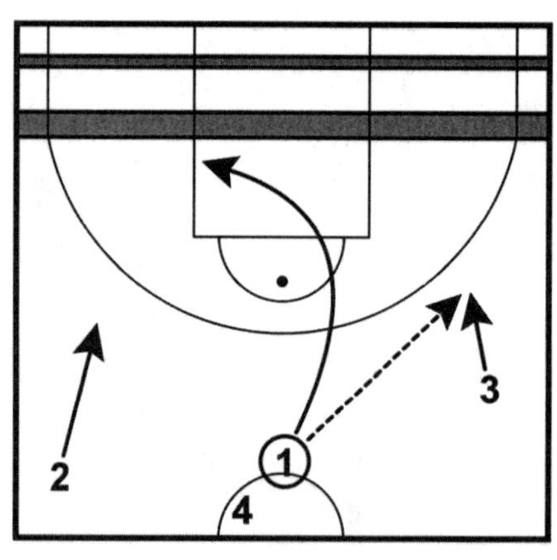

图 5-19

1 推进传球给向右侧翼移动的 3，传球后跟随传球方向从中路切入；

1 有机会就接 3 的传球投球，没有机会则向左侧底角移动；

4 中路跟随向弧顶移动；

2 向左侧翼移动，见图 5-19。

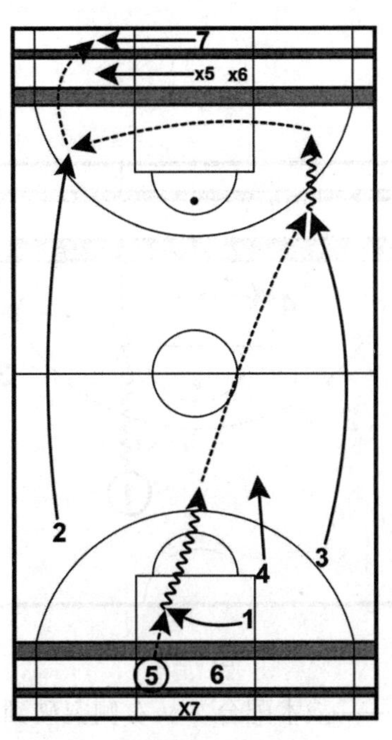

图 5-20

3 接球后传球给弧顶中锋 4；

4 接球立即传球给左侧翼跟进的 2；

2 接球后往往有很好的突破空间，坚决向底线突破进攻；

1 准备接 2 的分球，见图 5-20。

第二节　进攻战术发动基础

本节介绍珍珠球运球突破移动进攻发动的基础，从 1 号队员右路发动、1 号队员左路发动和侧翼队员接球发动进行展示，要求后卫队员要能够发动进攻，场上四名队员都能够突破，灵机多变打 2 分球，也要在运球突破中分球跟进获得好机会的队员。

一、1 从右路发动

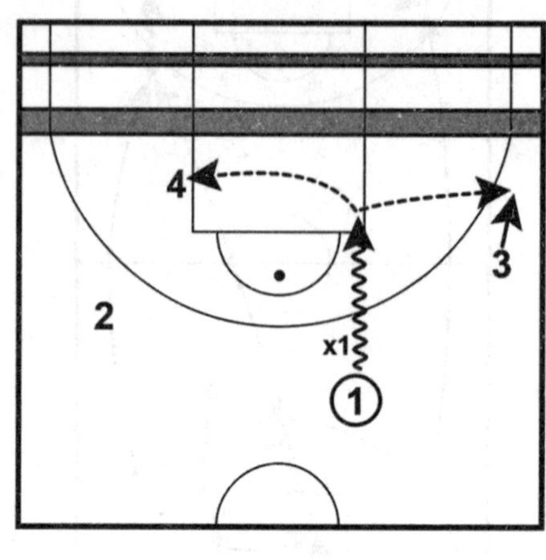

图 5-21

珍珠球运球突破移动进攻——战术配合 1 从右侧突破到拐角区，3 在侧翼下顺，4 在左侧外角区；

如果 X1 防守严密没能摆脱防守，在运球途中就应该观察左右两侧的队友，有机会分球给 3 或 4，见图 5-21。

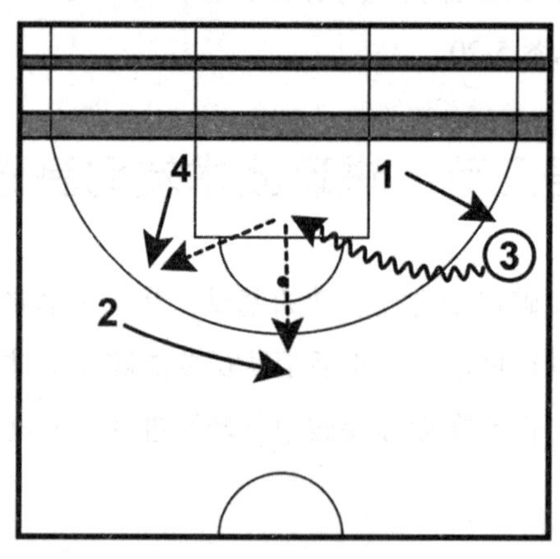

图 5-22

1 根据防守队员的选位和 3 的位置选择传球给 3；

3 在右侧翼接 1 的传球向中路运球突破，1 见此状由右底角绕到右侧翼，如果 3 从右路突破，1 则移动到左侧内角区；

3 在篮球罚球线附近跳步急停；

4 直接或做 V 型上提准备接球；

2 上提到弧顶准备接球，见图 5-22。

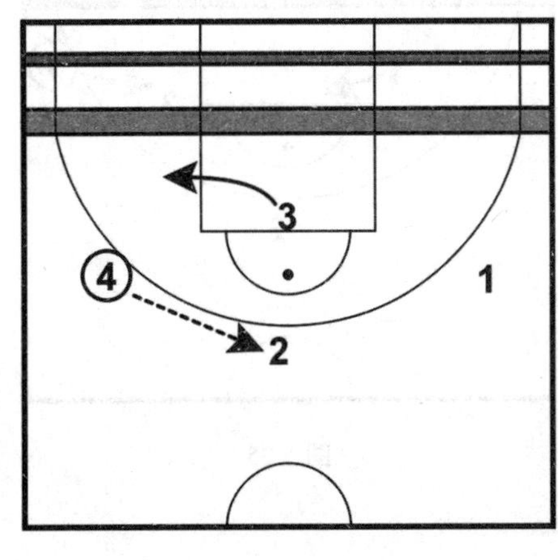

图 5-23

3 传球后向左侧移动；

4 在侧翼接到球传球给弧顶的 2，这样就形成初始的阵型，见图 5-23。

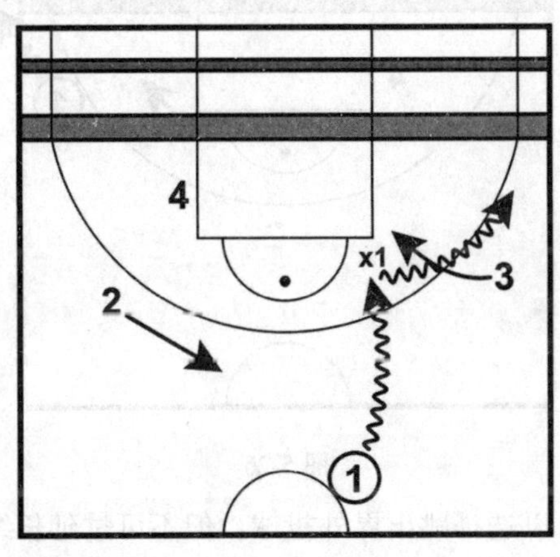

图 5-24

第二种情况，右侧运球突破受堵时的变化。

1 从右侧推进在拐角处遇堵，做变向向右路继续突破；

3 见势稍作停留后交叉切入；

2 向弧顶区移动，见图 5-24。

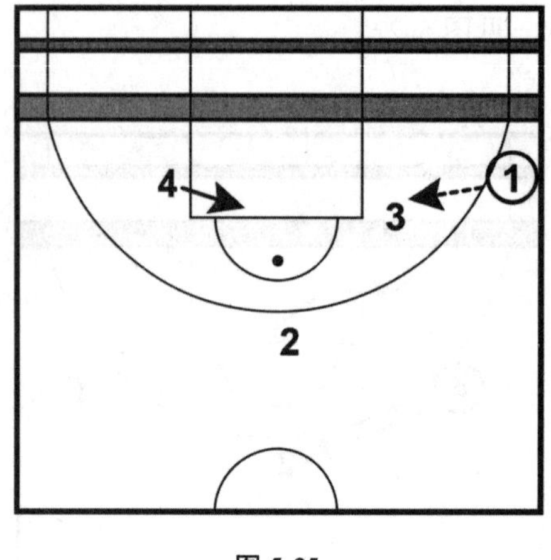

图 5-25

1 向后传球给跟进的 3；

4 向中路移动，见图 5-25。

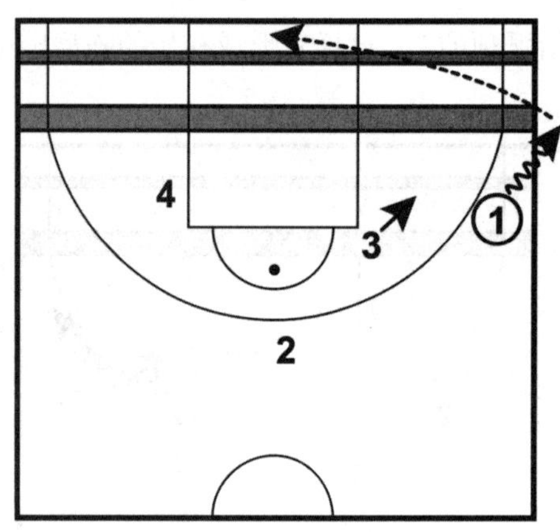

图 5-26

1 在条件允许的情况可以选择跳出界外投球，但不可过延长线；

3 向 1 跟进，准备接 1 最后选择的向后分球，见图 5-26。

二、1 从左路发动

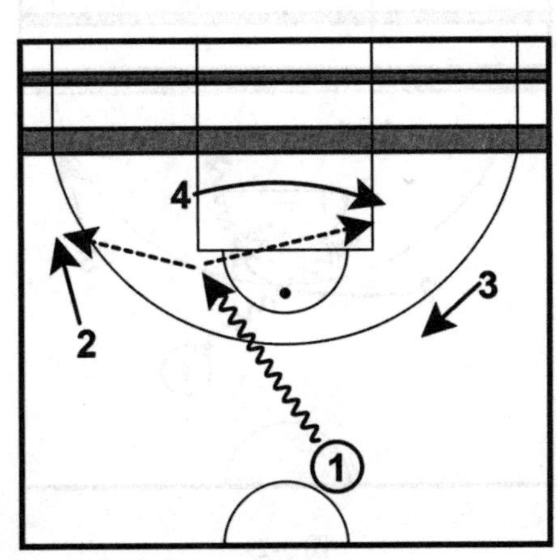

图 5-27

1 向左侧突破，遇阻在左侧罚球线拐角处跳步急停，准备分球给 4 或者 2。

4 见 1 向左侧运球突破，就向右侧移动；

2 见 1 向左侧突破就向底角下顺；

1 首选传球给向右移动的 4，次选顺切的 2，因为 2 的投球身处是第三投球区；

3 慢慢向上移动，观察 1 的传球线路，见图 5-27。

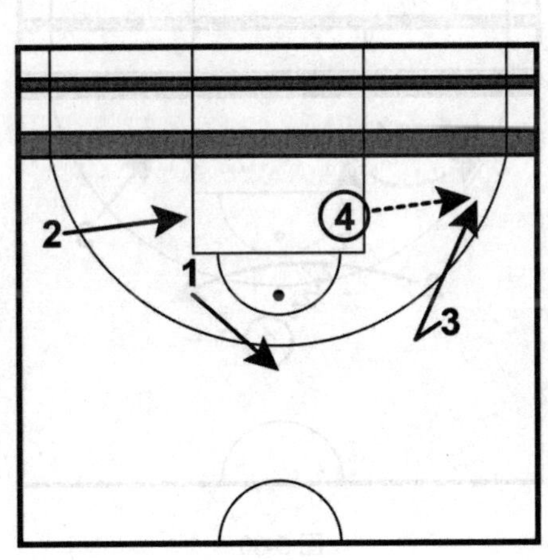

图 5-28

4 接球后首选击地 2 分球，或向右侧底角吊投 2 分球；

3 见 4 接到球后立即反跑向右底角准备接球投球；

2 向中路移动；

1 向弧顶移动，见图 5-28。

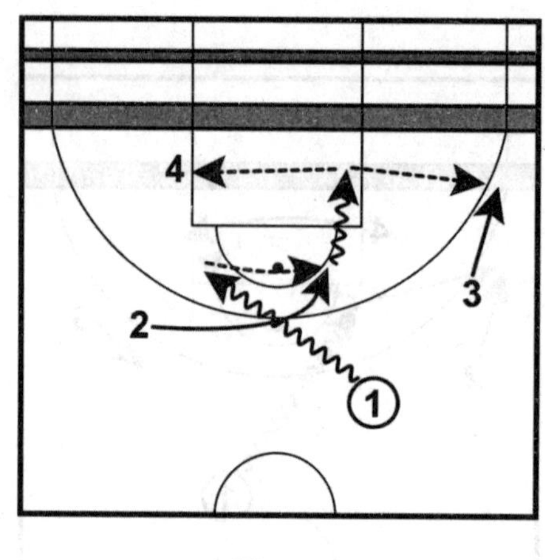

图 5-29

1 向左侧运球，遇堵在拐角上方跳步急停；

2 从突破队员 1 的身后包切，接 1 的积极回敲传球；

2 接球向右侧内角处突破，准备分球给两侧的队员；

3 向底角顺切准备接 2 的传球；

4 原地伺机等待 2 的分球，见图 5-29。

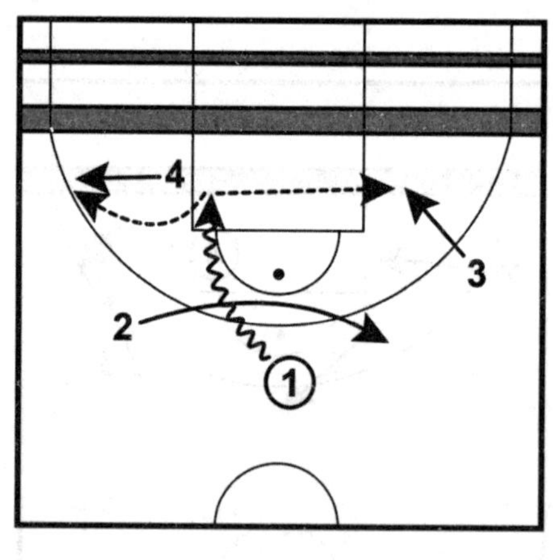

图 5-30

2 从罚球点上方绕到右侧，目的在于干扰防守队员；

1 在 2 移动后立即向拐角突破；

4 向左侧拉开；

1 首选自己完成投球，次选分球给右侧顺切的 3，当然可以脑后分球给机会比较好的

4，见图 5-30。

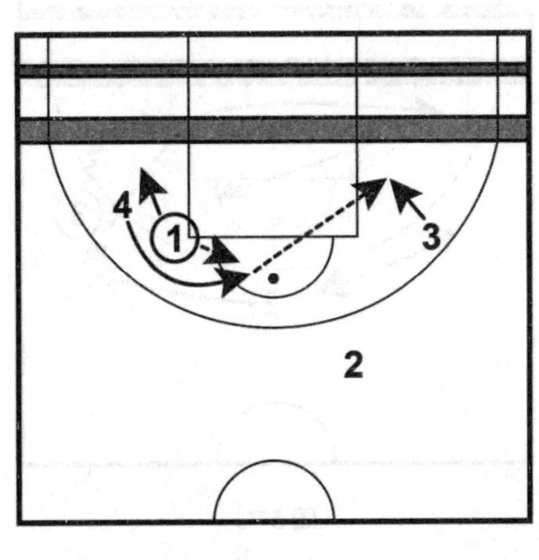

图 5-31

换一种思路。

1 在拐角停球，4 围绕 1 包切，1 积极传球给 4；

3 向下顺切接 4 的迅捷传球，见图 5-31。

三、侧翼接球发动

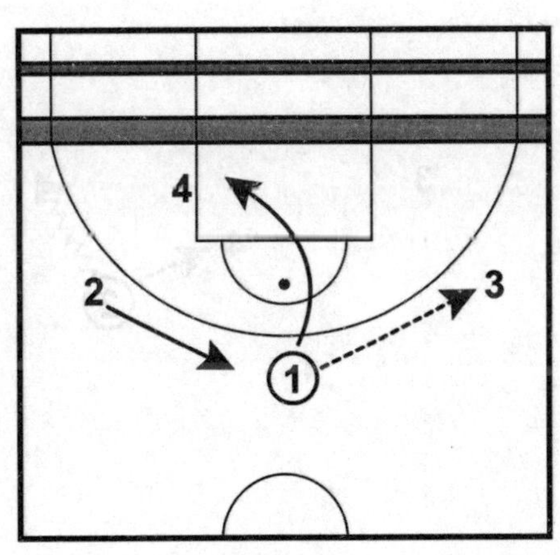

图 5-32

1 传球给在右侧翼的 3，然后从中路切到左侧内角位置；

2 上提到弧顶，观察 3 的选择；

4 原地等待，观察 3 的行动，见图 5-32。

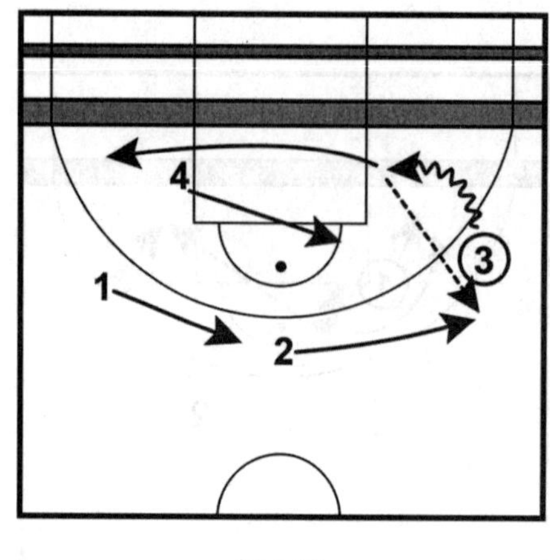

图 5-33

3 向左路运球突破；

4 上提到篮球罚球线右侧上方；

2 向右侧翼移动；

1 向弧顶移动；

3 在端线附近受封堵，跳步急停接向后传球给移动中的 2；

3 传球后向左侧移动，见图 5-33。

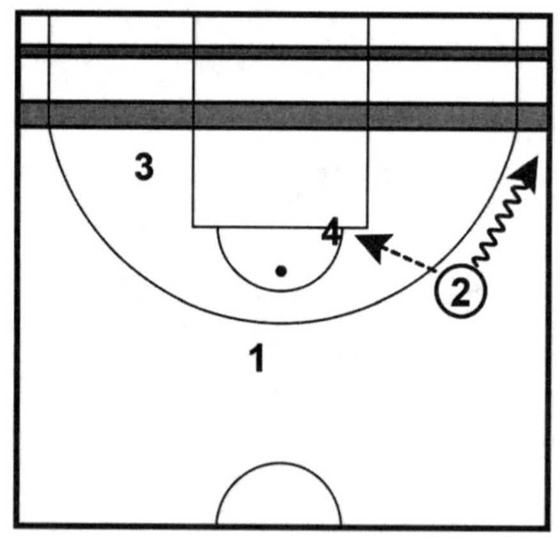

图 5-34

2 在左侧翼接球，可选传球给上提的 4，可选向右侧底角运球突破，见图 5-34。

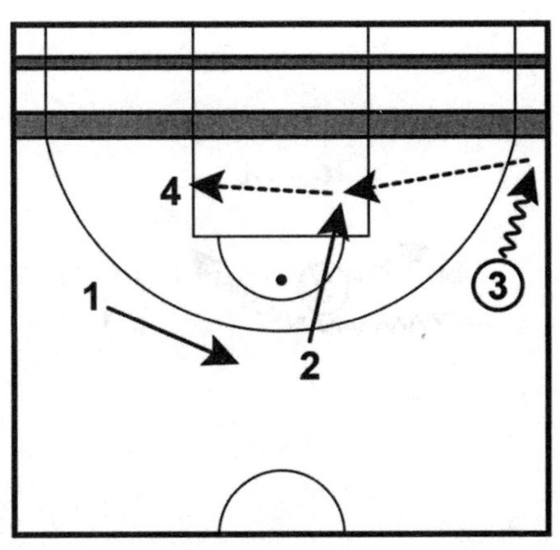

图 5-35

回到 3 在左侧翼接球，这次向右侧底角突破。

2 向中路切下，准备接 3 的回传球；

3 在拐角受堵或没有很好投 2 分球机会，可以分球给 2；

2 接球后有机会坚决投 2 分球，没有机会准备向左侧分球；

4 分散防守压力，并准备接 2 的分球，图 5-35。

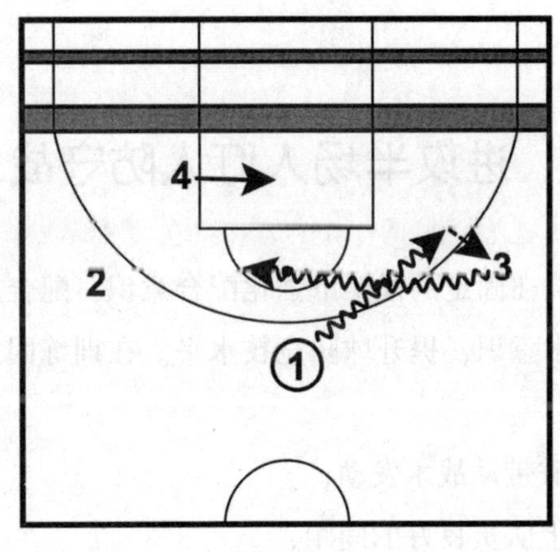

图 5-36

1 向右侧翼运球。面对紧逼防守的队员，3 反跑没有很好反跑机会的情况下等待 1 手递手传球；

4 沿端线慢慢向右侧移动，有机会接 3 的动态传球；

3 接 1 的手递手传球，向左侧运球移动突破，见图 5-36。

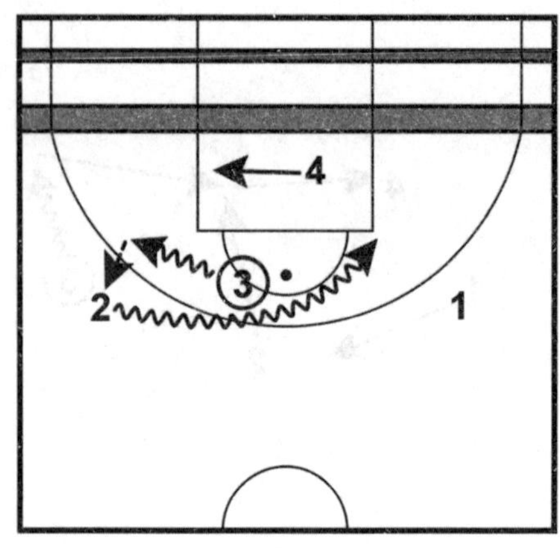

图 5-37

3 在没有很好突入内线的机会时就继续向左侧运球；

1 上提到右侧翼；

2 移动中接 3 的手递手传球，接球后向右路突破；

4 向左侧移动准备接 2 的传球；

2 在突破中发现机会立即传球给 4，见图 5-37。

当然所有的运球手递手传球都是为了避开最强防守队员，在防守队员换防轮转不及时择机进攻。

第三节　进攻半场人盯人防守战术配合

固定配合能够帮助队员在固定的框架下强化配合意识，配合意识提升能够打磨出队员闻令而动、默契配合的战术意识，提升球队竞技水平。在训练固定配合运用时应注意以下原则：

（1）球动人动，以突破带动战术发动；

（2）任何时刻保持场上队员良好的间距；

（3）强调进攻的有效性，在有效区发动进攻。

（4）紧逼防守经常会遇到，保持冷静，通过向球跑动、迎接球，把球带到进攻有效区。

（5）组合基础配合，创造适合球队的高效运球突破移动进攻固定配合。

一、固定配合—侧翼发动中路切入

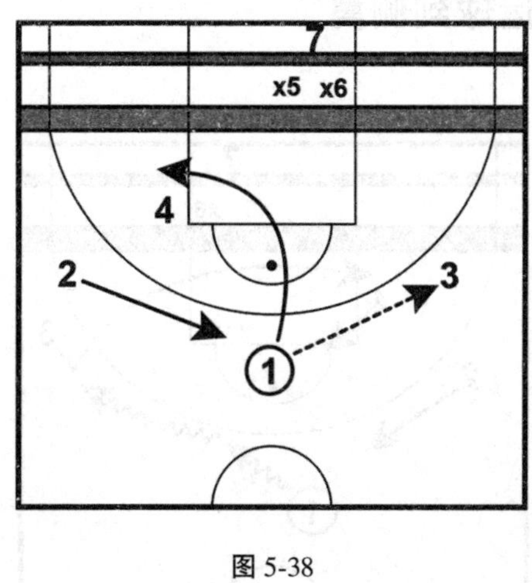

图 5-38

1 传球给右侧翼的 3，然后下顺切入准备接 3 的快速传球，没有机会就向左侧移动；

2 向中路弧顶移动；

4 为 1 建立无球掩护；

3 接球观察下切的 1 是否有接球机会，见图 5-38。

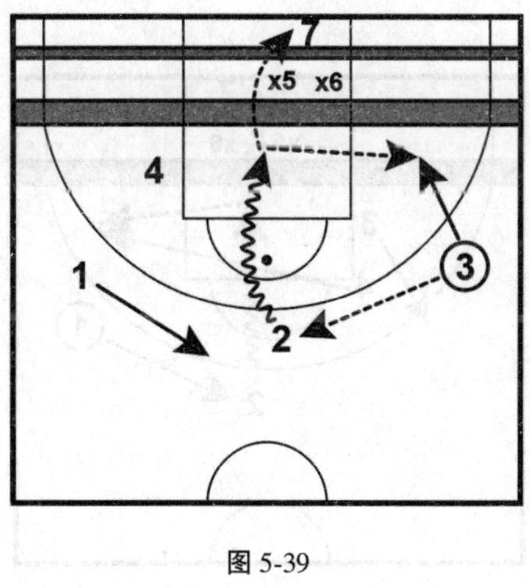

图 5-39

3 传球给移动到弧顶的 2；

2 跑向 3 迎接球，接球坠步后立即向端线突破；

4 伺机接球投球；

3 选择向底角切入或交叉切入；

2 在中端投球或向后传球给 3；

7 抄 2 的投球，或有配合性的向右侧跑动抄 3 的投球，见图 5-39。

二、固定配合—运球到侧翼

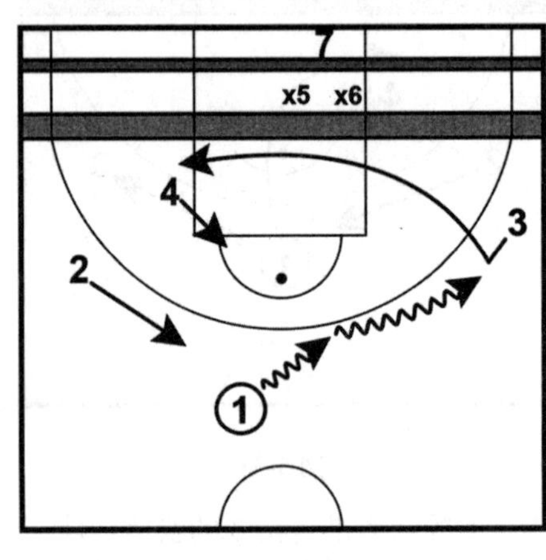

图 5-40

1 向右侧翼运球，3 向上移动准备接球，见 1 没有传球就立即反跑遛底；

4 上提两三步到左侧拐角，有机会接 1 的传球；

2 向弧顶移动，准备接 1 的回传球，见图 5-40。

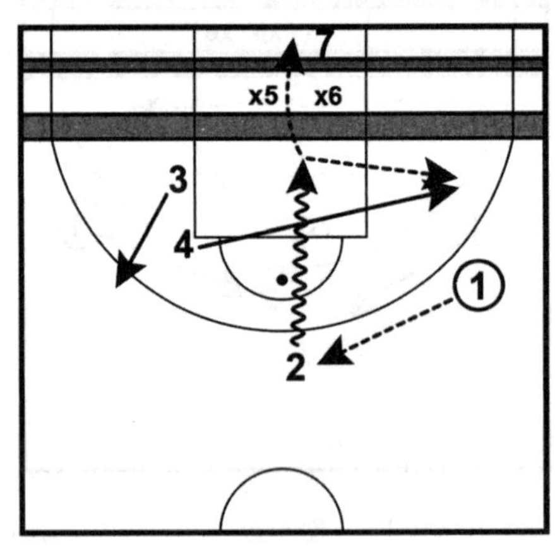

图 5-41

4 见 2 接球，就立即从左侧拐角向右侧底角方向切，途中准备接 2 的传球；

2 接 1 传球，观察防守队员和向底角切的 4，没有传球机会立即从弧顶向中端区运球突破；

3 向左侧翼上提；

7 抄 2 的投球，或有配合性的向右侧跑动抄 4 的投球，见图 5-41。

三、固定配合—侧翼上提弧顶接球

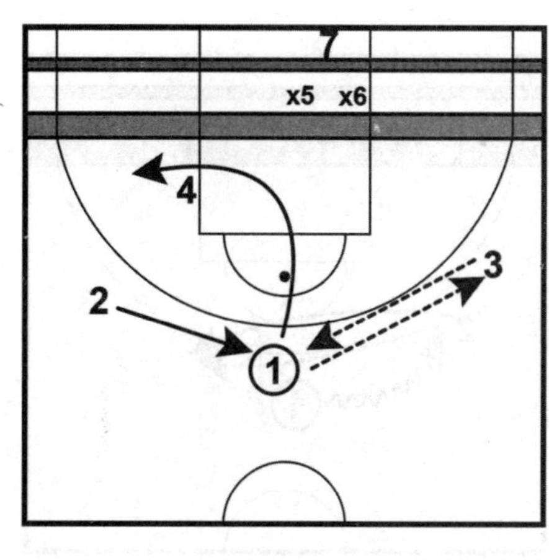

图 5-42

1 传球给右侧翼的 3，然后从中路切下，准备途中接 3 的传球，没有机会就切至中端沿端线向左侧移动；

3 接到球观察下切的 1 是否跑出很好接球好的机会，察觉到 1 没有传接球机会，立即传球给向弧顶移动的 2，见图 5-42。

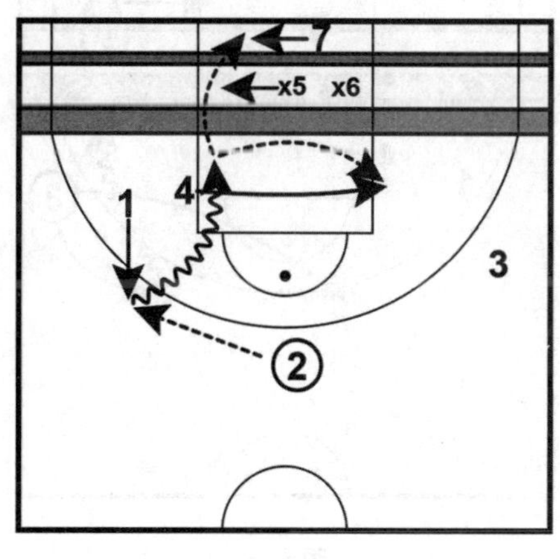

图 5-43

2 在弧顶接球可以向左侧翼传球，亦可向中端运球突破；

1 切入到左侧后向左侧翼移动接 2 的传球；

1 接球向左侧拐角运球突破；

4 向右侧外角移动，准备接 1 的突破分球；

7 抄 1 的投球，或向右侧跑动抄 4 的投球，见图 5-43。

四、固定配合—侧翼拉开

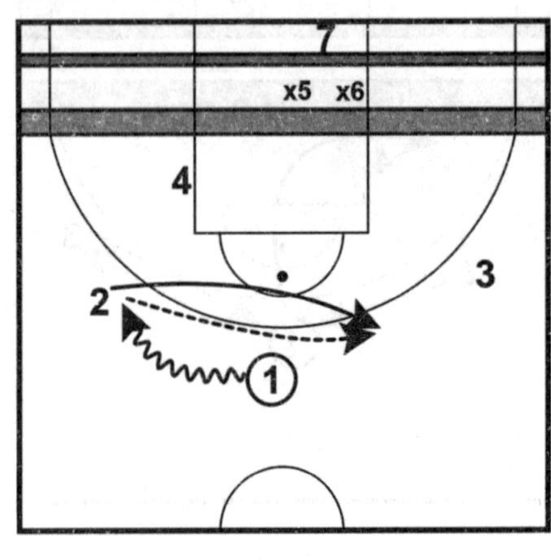

图 5-44

1 向左侧翼运球；

2 从左侧翼绕过罚球点向弧顶移动；

1 转身传球给 2，见图 5-44。

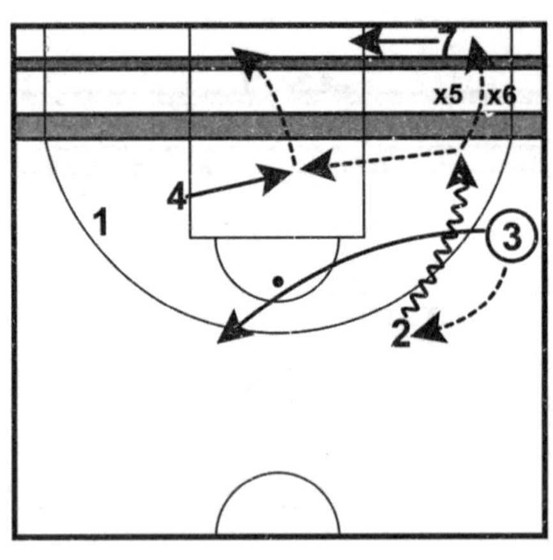

图 5-45

3 从右侧翼向弧顶移动；

2 在右侧弧顶间隙向右侧端线运球突破投球，或分球给跟进的 4；

7 抄 2 的投球，或向左侧跑动抄 4 的投球，见图 5-45。

五、固定配合—侧翼发动

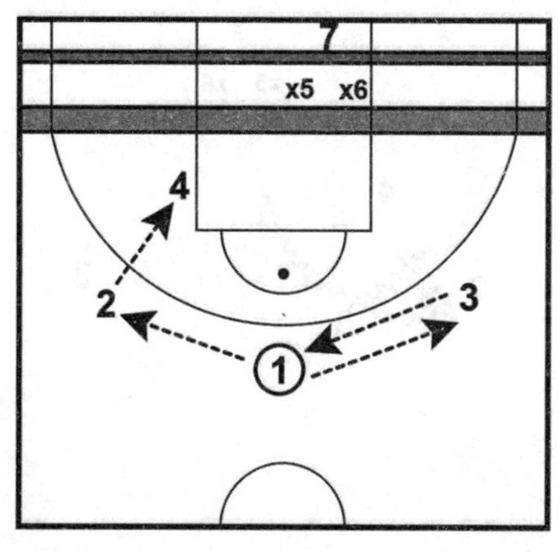

图 5-46

1 传球给右侧翼 3，吸引防守队员右移；

3 观察到防守队员右移，立即回传球给 1；

1 接 3 的回传球立即传球给 2；

2 接球立即传球在左侧限制区外角要球的 4，见图 5-46。

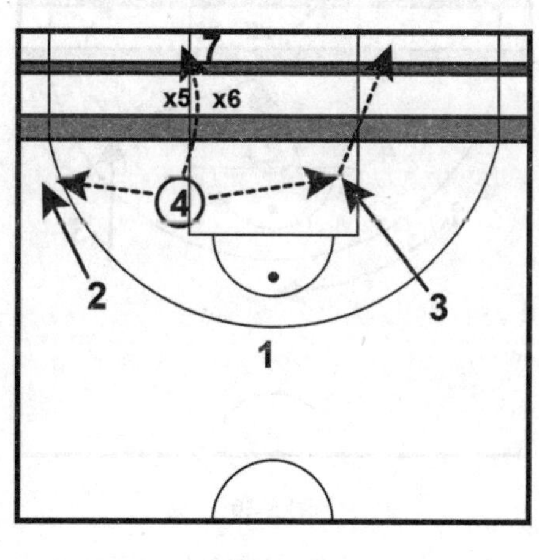

图 5-47

4 接球转身正面对端线；

2 向底角切入，准备接 4 的传球；

3 向右侧内角切入，准备接 4 的分球；

7 抄 4 的投球，或向右侧跑动抄 3 的投球，或向左侧跑动抄 2 的投球，见图 5-47。

六、固定配合—运球到左侧翼下方

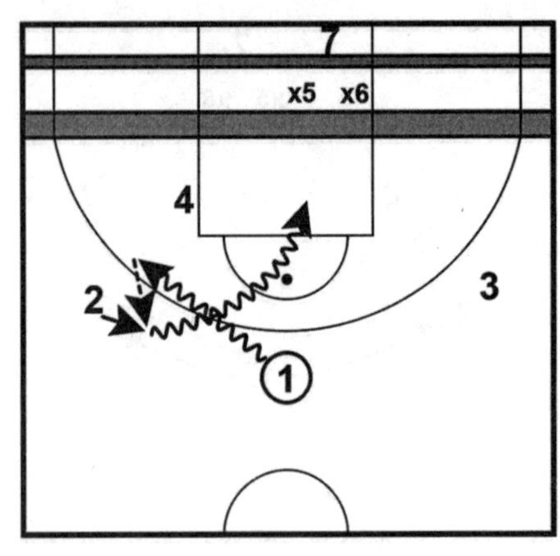

图 5-48

1 向左侧翼下方运球推进，对抗跳步急停积极回传球；

2 围绕 1 包切，接 1 的积极回传球，加速中接球后直接向端线运球突破；

3 观察防守和进攻情况，伺机而动，见图 5-48。

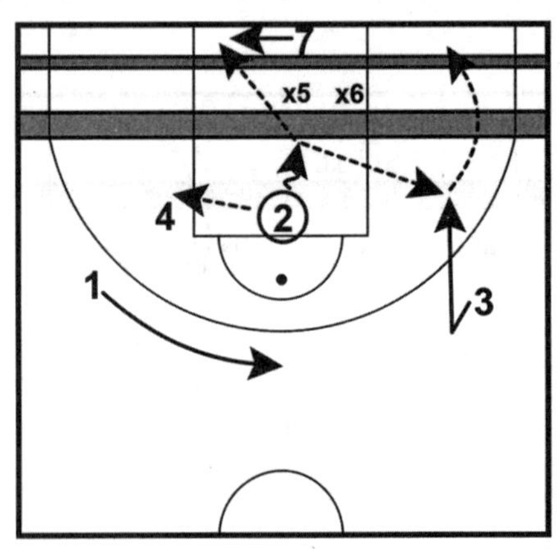

图 5-49

2 在罚球线下方遇堵，跳步急停，准备分球给左右两边队员；

3 向上移动为假，向下切入为实，准备接 2 的分球；

4 在左侧等待 2 的分球；

1 向弧顶移动保护后场；

7 抄 2 的投球，或向左侧跑动抄 4 的投球，或向右侧跑动抄 3 的投球，见图 5-49。

七、固定配合—运球到右侧翼下方

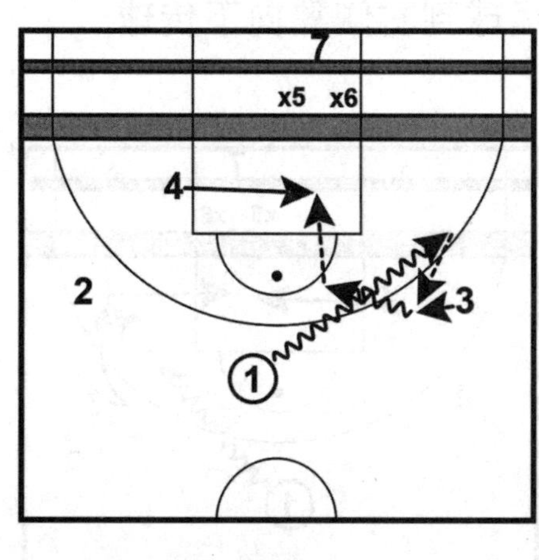

图 5-50

1 向右侧运球推进，在右侧翼对抗急停准备积极回敲传球；

3 围绕 1 包切，移动中接球；

4 向右侧拐角移动准备接球；

3 向中路运球突破，在罚球点附近传球给 4，见图 5-50。

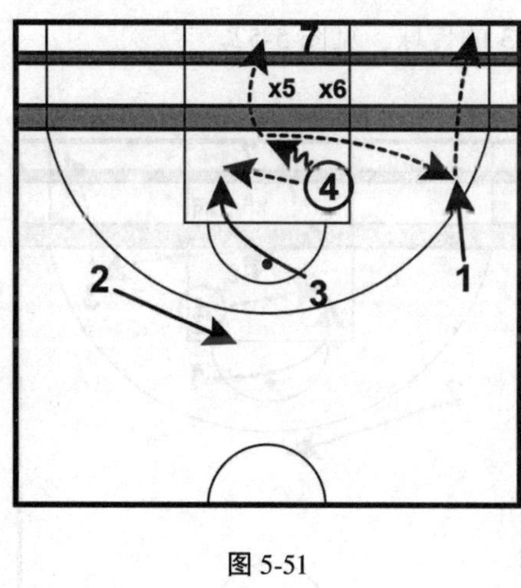

图 5-51

3 传球后立即向左侧内角切入；

4 在拐角下方接球，有机会转身投球或分球给 3，没有继续向内线运球突破；

1 向端线切入，准备接 4 的分球；

4 在进攻终结区投球，或向后分球给 1；

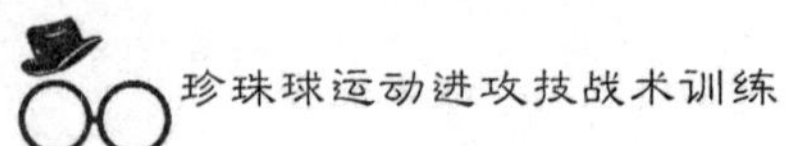

2 向弧顶移动；

7 抄 4 的投球，或有配合性的向右反跑抄 1 的投球，见图 5-51。

八、固定配合—运球到右侧翼向下传球

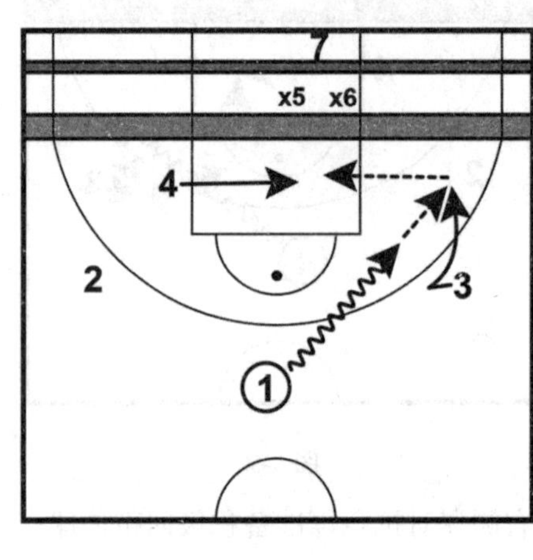

图 5-52

1 向右侧翼下方运球突破；

3 向上移动吸引防守，见 1 没有机会向上传球，立即向底角反跑；

1 见机传球给切向端线的 3，3 接到球第一选择投球，第二选择向中路传球；

4 向右侧移动，准备接 3 的传球，见图 5-52。

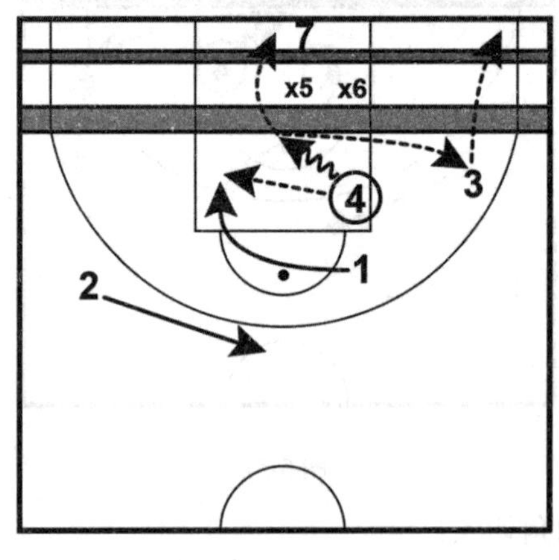

图 5-53

1 见 4 接球立即向左侧内角切入；

4 接球后转身面对端线，没有很好机会投球就立即分球给切入 1；

2 上提弧顶保护后场；

3 伺机而动，准备接 4 的传球；

4 选择向左侧突破投球，有机会分球给右侧的 3；

7 抄 4 的投球，或向右跑动抄 3 的投球，见图 5-53。

九、固定配合—中锋上提侧翼反跑

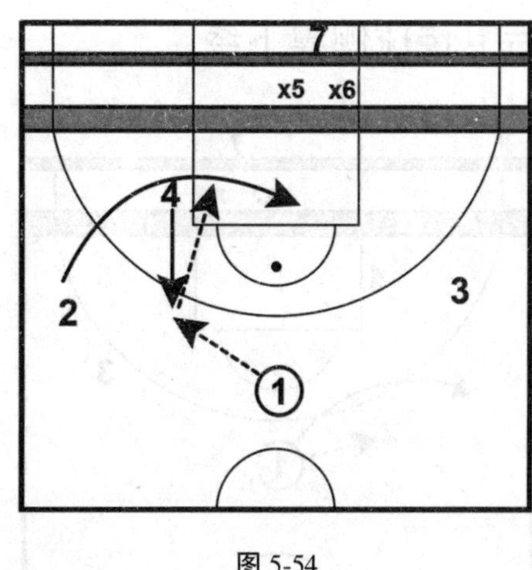

图 5-54

1 传球给沿左内边线上提的 4；

2 见 4 接球，就立即向端线反跑；

4 接球后观察是否有机会传球给 2，见图 5-54。

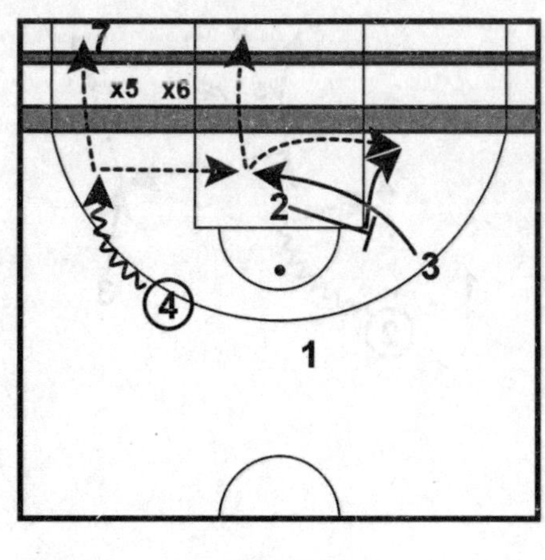

图 5-55

4 没有传球就立即向左侧运球突破；

2 由中端区向右侧拐角上提为 3 建立掩护；

3 利用掩护向中端切入；

4 突破到左侧底角附近投球，或分球给下切的 3；

2 掩护后向右侧拆下；

3 接到球直接投球或分球给 2；

7 抄 4 的投球，或向右侧移动抄 3 的投球，或有配合性的向右侧跑动抄 2 的投球，见图 5-55。

十、固定配合—后卫传球侧翼下绕

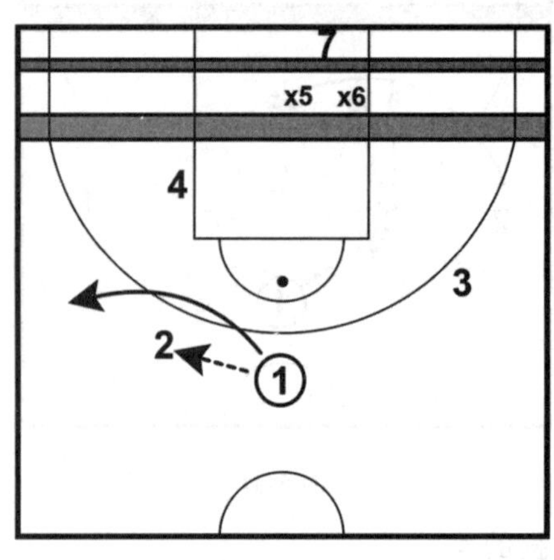

图 5-56

1 传球给就近的 2，然后从左侧翼下方切到左侧，带动防守；

3、4 伺机而动，见图 5-56。

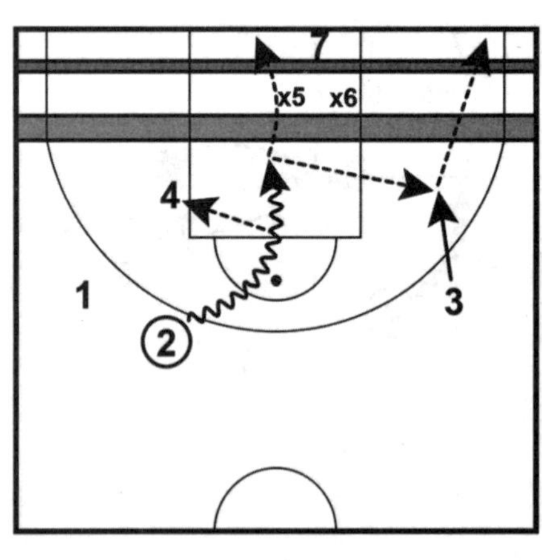

图 5-57

2 接球后稍作等待，然后向中路突破；

3 见势向端线切入，准备接 2 的分球；

4 伺机接 2 的传球投球；

1 准备向弧顶移动，保护后场；

7 抄 2 的投球，或向右侧跑动抄 3 的投球，见图 5-57。

十一、固定配合—中锋上提后卫中路下切

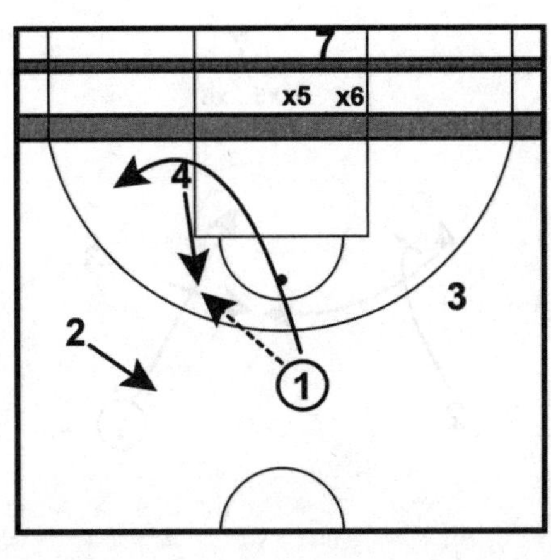

图 5-58

1 运球传球给上提的 4，然后从中路下切绕到左侧外角；

4 摆脱防守队员后上提到左侧拐角上方接 1 的传球；

2 向弧顶移动，见图 5-58。

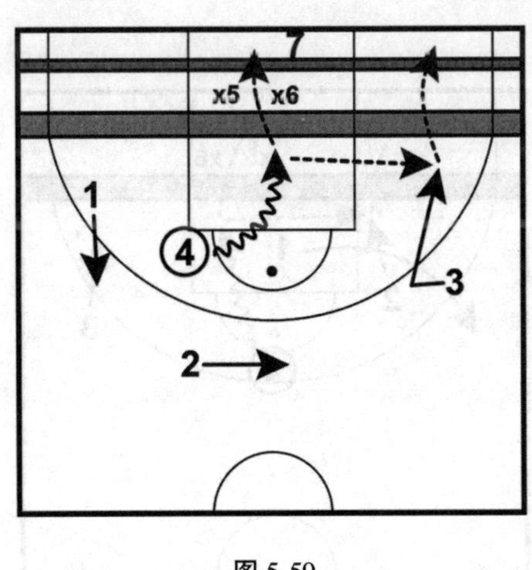

图 5-59

4 接球后可以选择传球给切出空位的 1，没有机会则向右侧运球突破；

2 移动向弧顶；

3 向中路移动为假，然后向端线切入；

4 运球向中端区域突破投球或分球给 3；

7 抄 4 的投球，或向右侧跑动抄 3 的投球，见图 5-59。

十二、固定配合—侧翼发动左切右掩

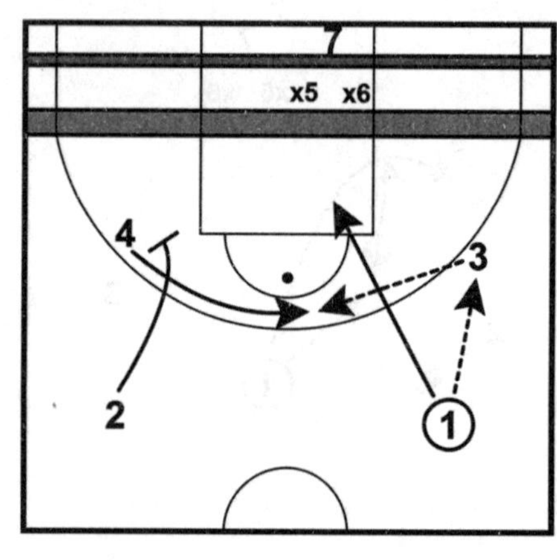

图 5-60

四角落位，1 传球给同侧的 3，然后向中端处切入，有机会接 3 的传球；

2 同时向下移动为 4 建立掩护；

4 利用 2 的掩护向弧顶移动；

3 传球给到弧顶的 4，见图 5-60。

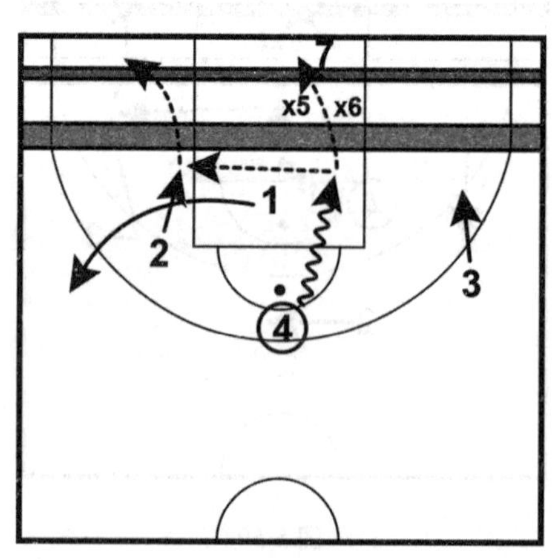

图 5-61

4 接球后立即向中端运球突破，途中有机会向左右两侧传球；

1 向左侧侧翼移动；

3 传球后准备向下移动；

2 见 4 向下突破后向端线移动准备接 4 的分球；

7 准备抄 4 的投球，或有配合性的向左跑动抄 2 的投球，见图 5-61。

十三、固定配合—中锋上提后卫向下掩护

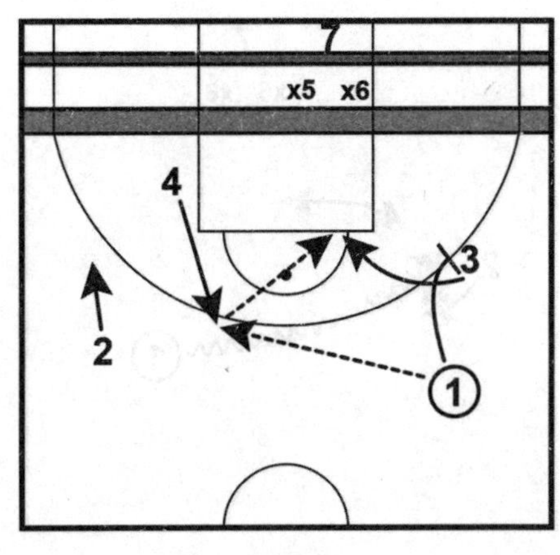

图 5-62

1 传球给上提到左侧拐角上方的 4，然后向右侧翼移动为 3 建立掩护；

2 稍微向下移动；

3 利用掩护向中路切入，途中准备接 4 的传球，见图 5-62；

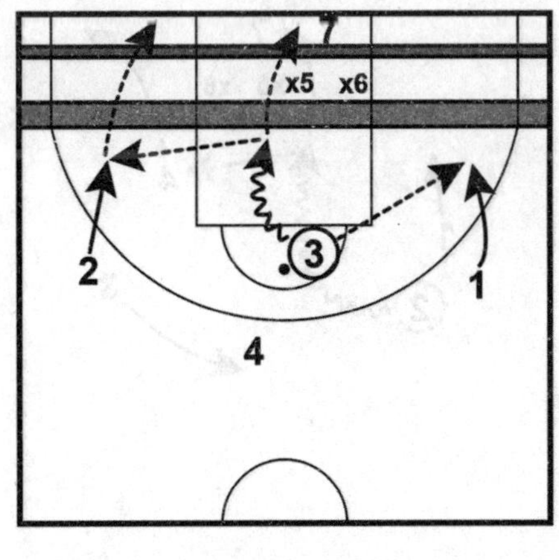

图 5-63

3 在篮球罚球线处接球，可以传球给向端线拆下的 1，3 没有传球就选择向端线运球

突破；

2 向端线切入准备接 3 的分球；

3 在中端投球或分球给 2；

7 抄 3 的投球，或向左侧跑动抄 2 的投球，见图 5-63。

十四、固定配合—推进回敲

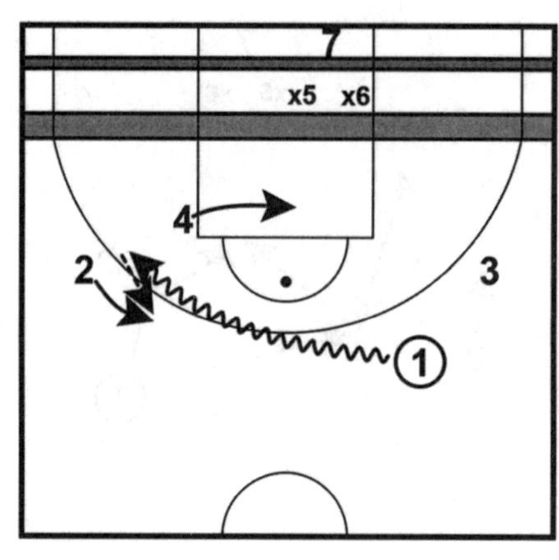

图 5-64

1 在遇紧密防守时，向左侧侧身运球推进，在左侧翼积极回敲给包切的 2；

4 上提没有机会接 1 的传球，见 3 迎面运球就立即右侧外角反跑；

2 围绕 1 包切，移动中接 1 的积极回敲球，见图 5-64。

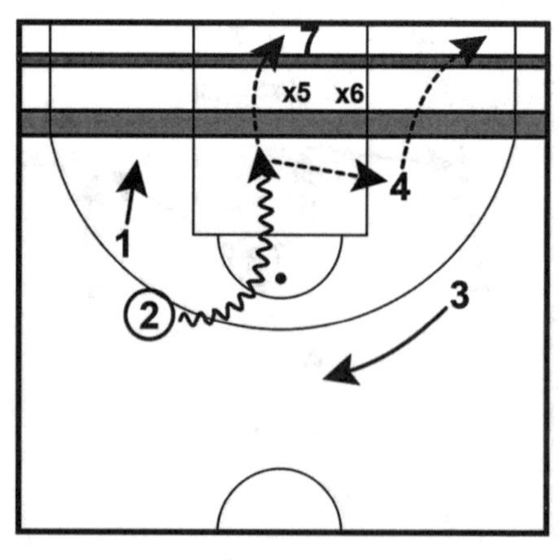

图 5-65

2 接球后立即向中路端线运球突破；

1 传球后绕到左侧侧翼；

4 伺机接 2 的传球；

2 在中端区域投球或分球给 4；

7 抄 2 的投球，或向右侧跑动抄 4 的投球，见图 5-65。

十五、固定配合—推进回敲向下掩护

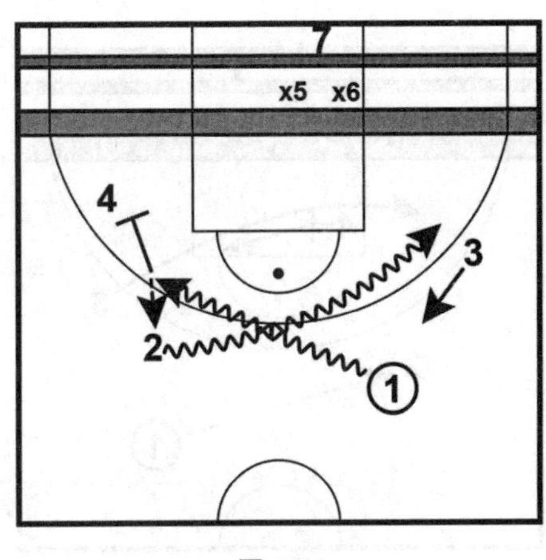

图 5-66

1 向左侧侧翼运球推进，在左侧翼积极回敲传球给 2；

2 围绕 1 包切接 1 的传球后向右侧运球推进；

3 向上移动几步；

1 传完球后向下为 4 建立掩护，见图 5-66。

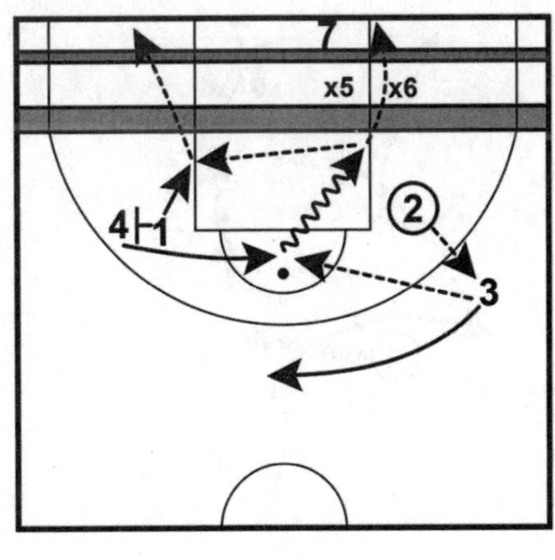

图 5-67

2 运球推进到右侧翼回敲给 3；

4 利用 1 的掩护向罚球点处切；

3 接球后立即传球给 4；

1 向端线切入准备接 4 的分球，

4 接球后向右侧内角运球突破或分球给 1；

7 抄 4 的投球，或向左侧跑动抄 1 的投球，见图 5-67。

十六、固定配合—上线传球下线横切

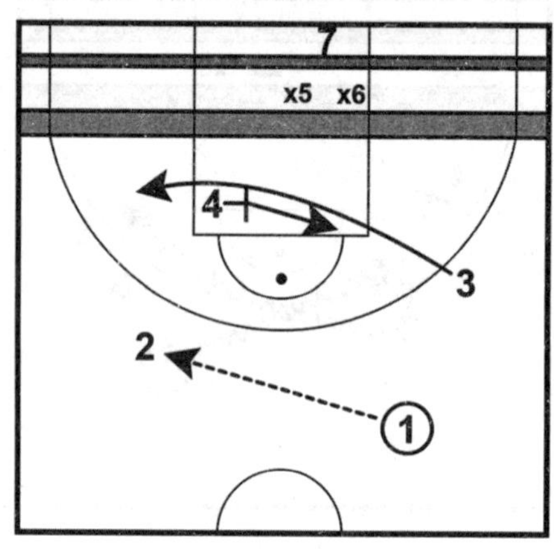

图 5-68

四角落位，1 传球给对侧的 2；

3 同时向左侧底角切入；

4 为 3 建立一个小掩护，然后向右上拐角移动；

3 有机会就接 2 的传球，见图 5-68。

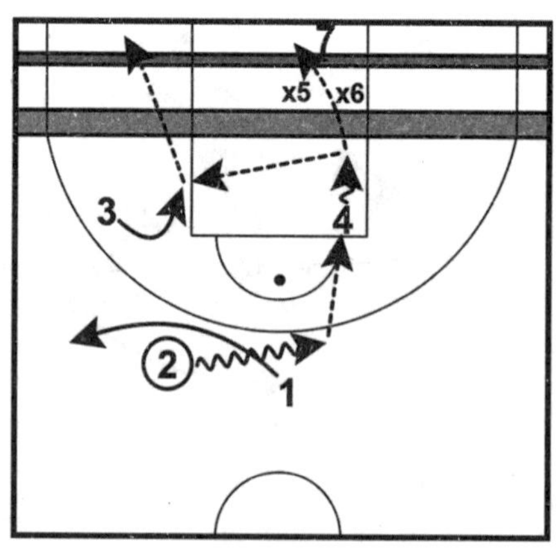

图 5-69

1 传球后从 2 的下方绕到左侧；

2 向右侧运球推进，准备传球给上提的 4；

4 接球后向端线运球突破投球，途中观察回切的 3 是否有很好的空位；

3 绕回切向左侧外角，准备接 4 的分球；

7 抄 4 的投球，或向左跑动抄 3 的投球，见图 5-69。

十七、固定配合—连续推进回敲

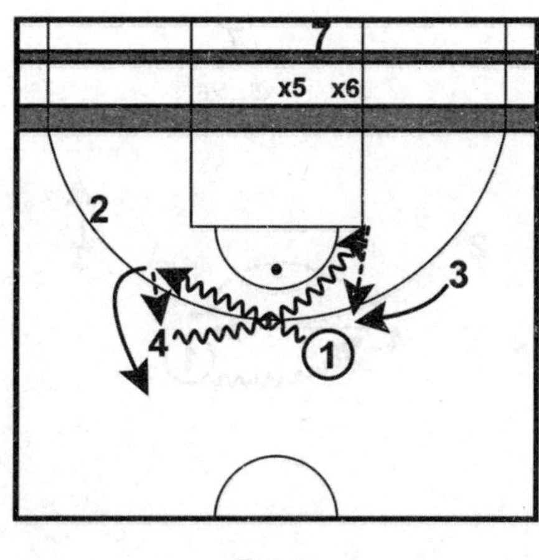

图 5-70

1 向左侧运球推进；

4 围绕 1 包切，准备接 1 的积极回敲球；

3 略向上移动；

1 传球后向上移动；

4 接球后向右侧拐角推进传球给 3，见图 5 70。

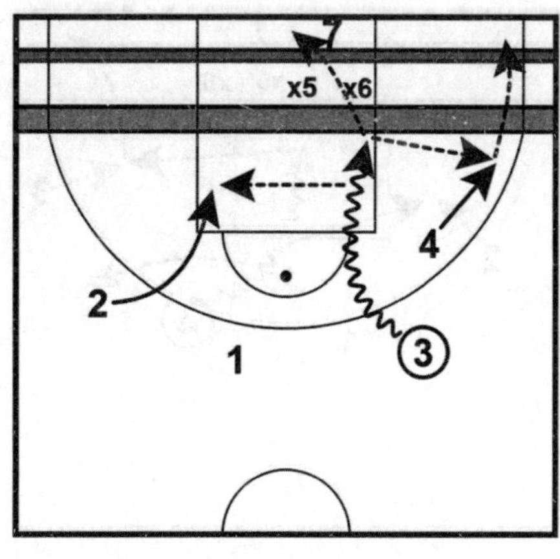

图 5-71

3 在右侧翼围绕 2 包切，接球后快速向端线突破；

2 见 3 向下突破，向左侧内角切入；

4 向底角移动；

3 中途分球给有机会的 2，2 没有机会就选择继续突破投球或分球给 4；

7 抄 3 的投球，或向右侧抄 4 的投球，见图 5-71。

十八、固定配合—运球回传回绕

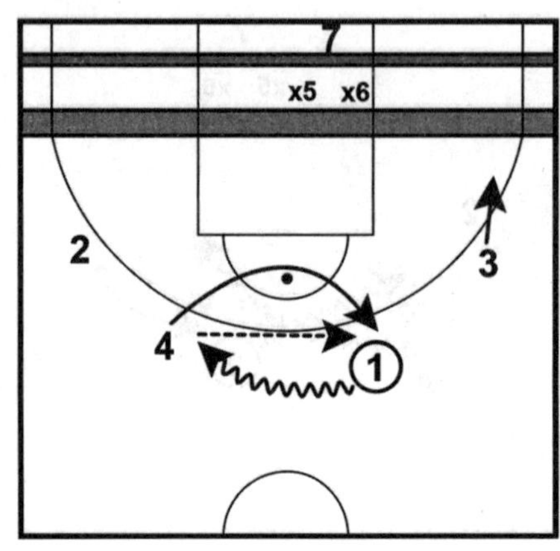

图 5-72

四角落位，1 向左侧弧顶间隙处的 4 运球推进；

4 见 1 运球推进，绕过罚球点向右侧弧顶间隙处绕切；

3 准备向底角移动；

1 推进到左侧弧顶间隙处回传球给 4，见图 5-72。

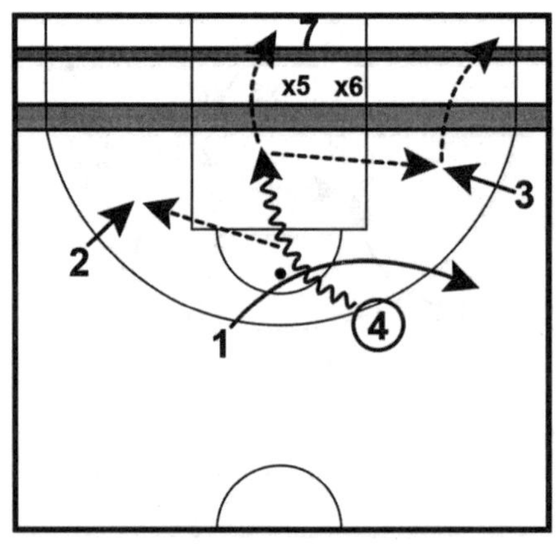

图 5-73

1 传球后立即围绕 4 的下方绕切到右侧侧翼；

4 接球后向中路端线处运球突破，途中观察左右两侧；

2 向左侧外角切入，准备接 4 的随时分球；

3 由右侧底角向中路切，准备接 4 的分球；

4 途中传球给跑出机会的 2，2 没有机会就选择继续向端线突破投球或分球给 3；

7 抄 4 的投球，或向右侧跑动抄 3 的投球，见图 5-73。

十九、固定配合—运球至侧翼回传中路的中锋

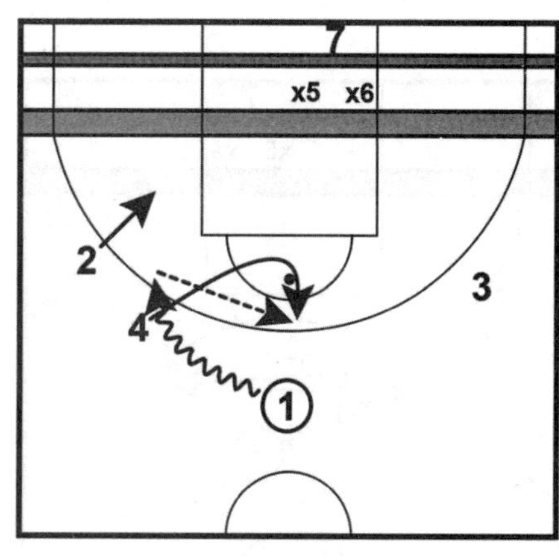

图 5-74

1 在弧顶向左侧翼运球推进；

4 向右侧移动绕切到弧顶；

1 传球给弧顶的 4；

2 见 4 接球向左侧外角切入，见图 5-74。

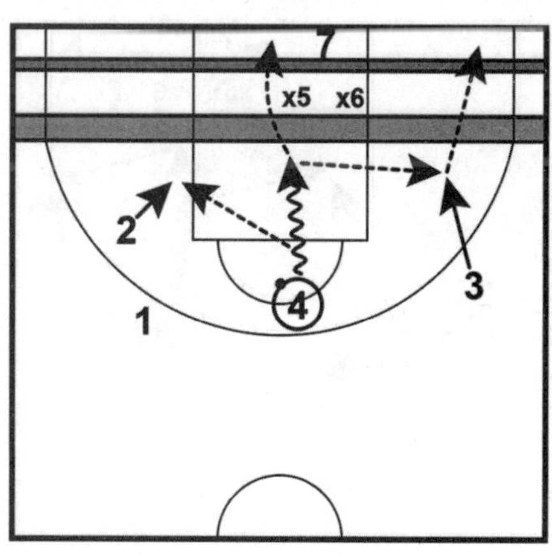

图 5-75

4 接球向端线运球突破，途中观察左右两侧队员；

2 比 4 更靠近端线，再做一次向下切入寻找机会接 4 的传球；

3 在 4 突破后再向端线切入，准备接 4 的分球；

4 在途中分球给跑出机会的 2，如果 2 没有机会接球，4 就选择继续向内线突破投球或分球给 3；

7 抄 4 的投球，或向右侧跑动抄 3 的投球，见图 5-75。

二十、固定配合—推进回敲中锋突破

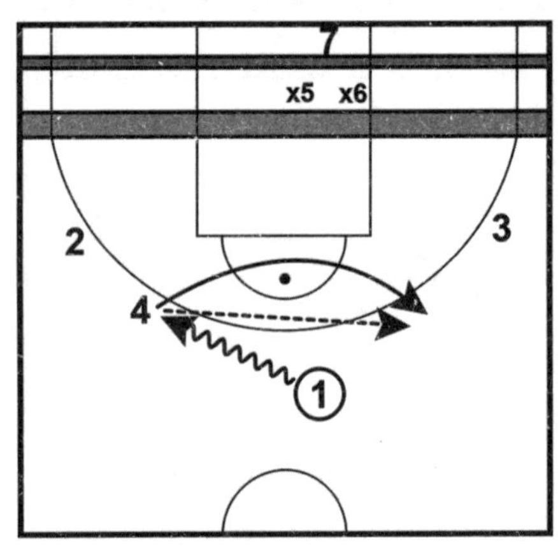

图 5-76

1 向左侧运球推进，遇堵在左侧拐角上方跳步急停，传球给 4；

4 围绕弧顶由下绕到右侧翼接 1 的回传球，4 接球后立即向右侧突破，见图 5-76。

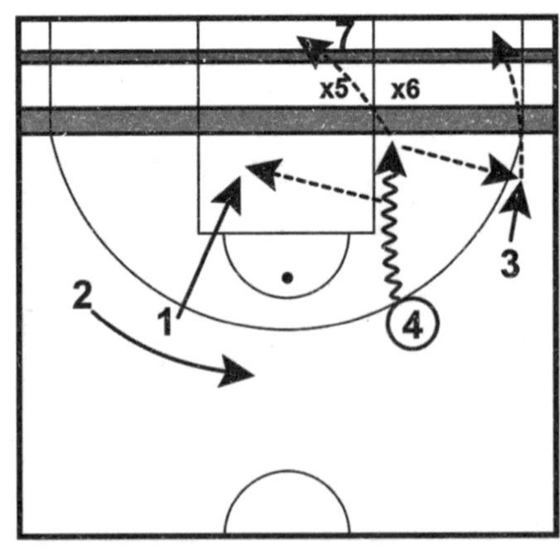

图 5-77

4 向底线运球突破，途中观察左右两侧接应的队友；

1 向中路切入准备接 4 的分球；

3 跟随在 4 后先右侧底角切；

2 向弧顶移动保护后场；

4 突破途中可以传球给切入的 1，没有传球就继续向内线突破投球或分球给 3；

7 抄 4 的投球，或向右侧跑动抄 3 的投球，见图 5-77。

二十一、固定配合—侧翼发动对侧掩护

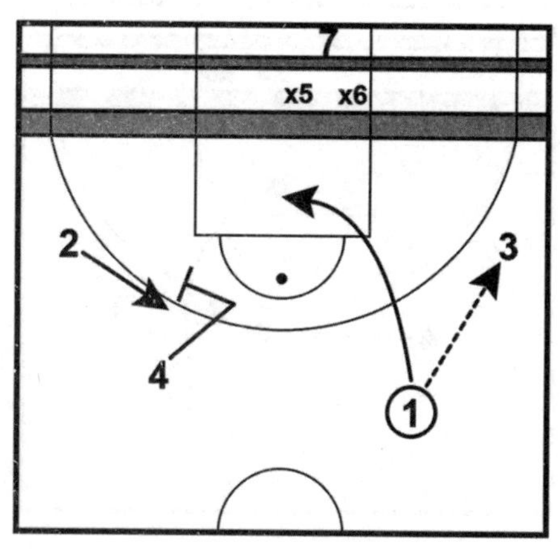

图 5-78

1 传球给在右侧翼的 3，然后向中路端线切入；

4 向右侧移动，在罚球点附近回头为 2 建立一个简洁的掩护；

2 在 4 移动时向上移动，见图 5-78。

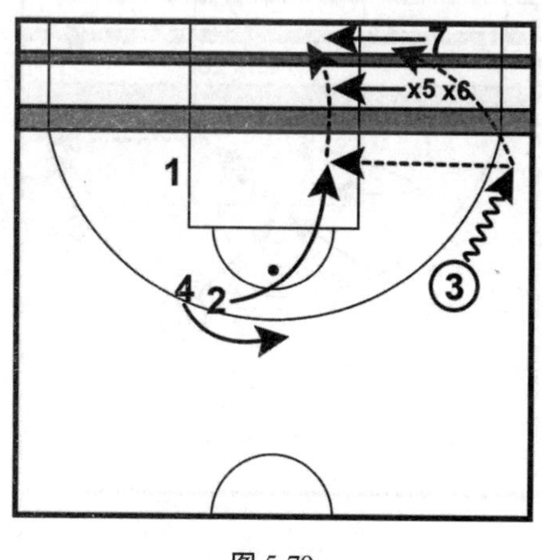

图 5-79

2 利用掩护向右侧内角绕切，准备途中接 3 的传球；

1 从左侧内角伺机等待；

4 向上移动到弧顶；

3 见 2 切出空位立即传球，没有机会就向底角运球突破，在底角投球或分球给继续切入的 2，；

7 抄 3 的投球，或有配合性的向左跑动抄 2 的投球，见图 5-79。

二十二、固定配合—侧翼发动后卫下切中锋横切

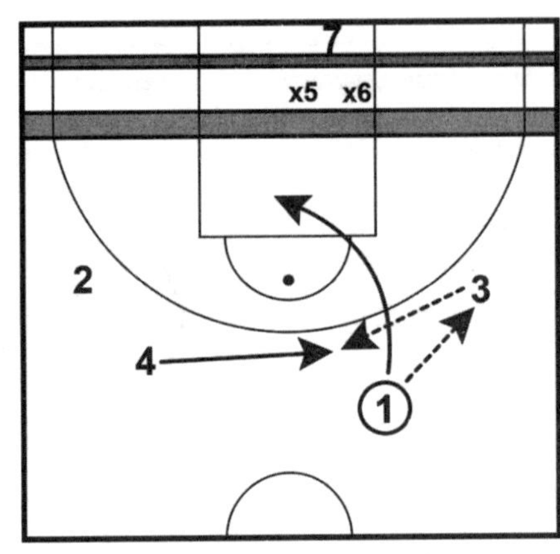

图 5-80

1 传球给右侧翼的 3，然后向端线切入，途中有机会接 3 的传球；

4 从左侧弧顶间隙向弧顶移动，迎向 3 接传球；

2 在左侧翼伺机而动，见图 5-80。

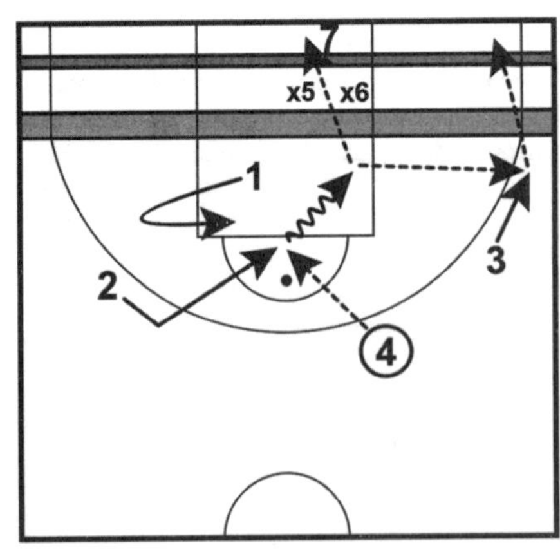

图 5-81

2 见 4 持球，先向上移动为假，转身切向罚球点处；

4 观察传球给切到罚球点处的 2；

2 移动中接球，运一次球或直接合球准备投球，途中观察左右两侧队员；

1 在端线绕切，准备接 2 的回传球；

3 向底角移动准备接 2 的前导传球；

7 抄 2 的投球，或有配合性的向右侧跑动抄 3 的投球，见图 5-81。

二十三、固定配合—侧翼发动

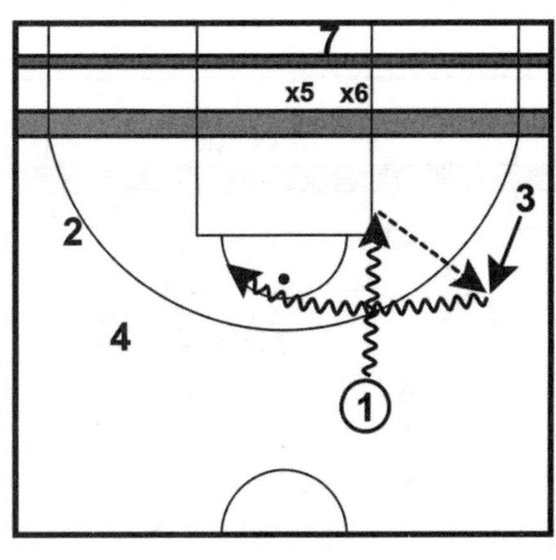

图 5-82

四外落位，1 运球向右侧拐角运球突破，遇到封堵跳步急停准备回传球；

3 向上移动接 2 的回传球，立即向左侧运球突破；

2、4 阅读防守伺机而动，见图 5-82。

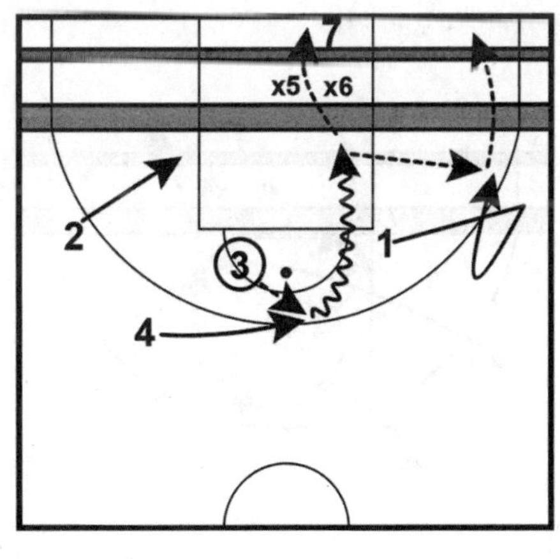

图 5-83

3 向左侧拐角处推进，遇到封堵跳步急停，准备积极回敲球；

4 见 3 迎面运球没有机会传球就选择围绕 3 包切，在弧顶处接 3 的传球立即向端线运球突破；

1 传球后向底角移动，见 3 急停就从底角向上绕至右侧翼，见 4 突向端线就向右侧底角跟进；

2 在左侧翼向左侧外角切，准备接 4 的具有提前量的传球；

4 突破到端线投球或分球给向右侧底角移动的 1；

7 抄 4 的投球，或向右侧移动抄 1 的投球，见图 5-83。

二十四、固定配合—运球推进积极回敲

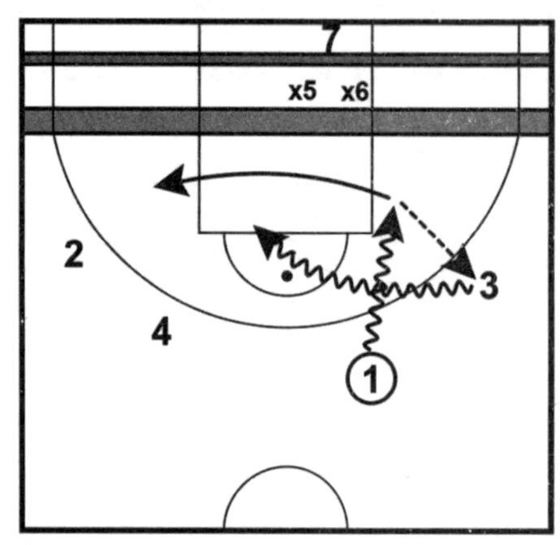

图 5-84

1 向右侧运球突破，遇堵在罚球线处跳步急停；

3 接 1 的回传球，立即向中路运球突破；

1 传完球后，向左侧移动，见图 5-84。

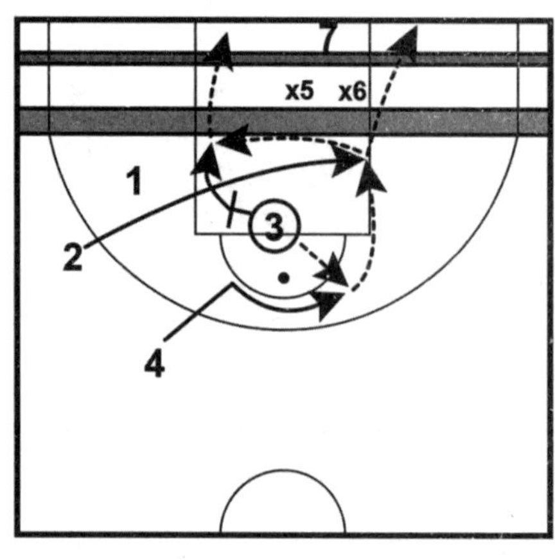

图 5-85

4 见 3 运球突破先向下移动，见 3 遇到封堵跳步急停就立即包切；
3 积极回敲传球给 4，然后为下切的 2 建立掩护；
2 利用掩护向右侧内角切入；
4 接球后体侧传球给 2，或向右侧运球突破；
2 接球直接投球，或分球给拆下的 3；
7 抄 2 的投球，或有配合性的向左侧跑动抄 3 的投球，见图 5-85。

二十五、固定配合—右路运球推进回敲

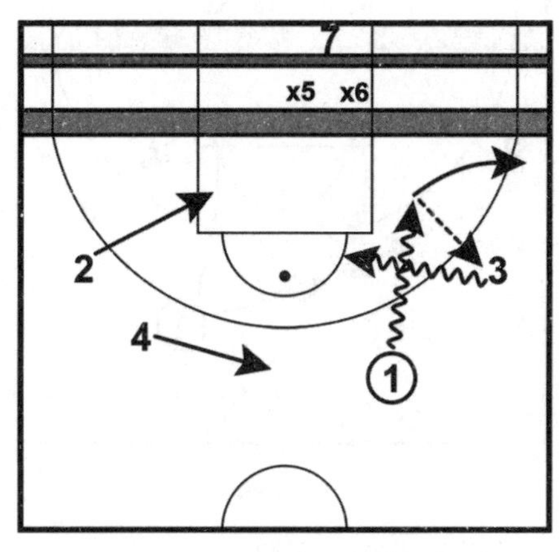

图 5-86

1 向右侧运球突破，遇到封堵跳步急停积极回敲球；
3 围绕 1 包切接回敲球，接球后向罚球线运球突破；
4 向弧顶移动；
2 向左侧内角切入，见图 5-86。

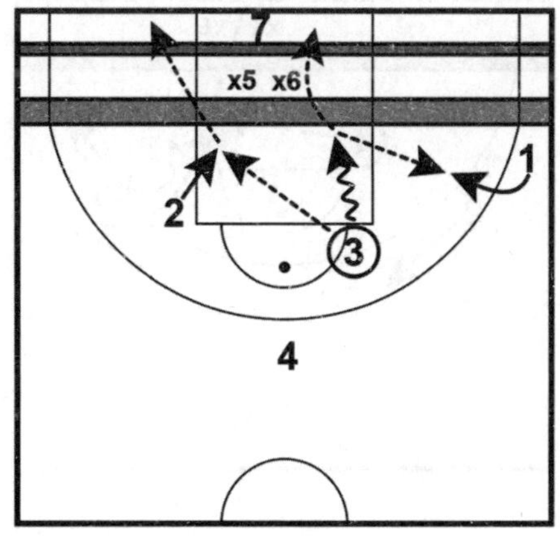

图 5-87

3 在右侧拐角处停顿，可以分球给下切的 2，亦可向底线运球突破；

1 从底角绕回，准备接 3 的向后回传球；

3 突破到中端区域投球或分球给 1；

7 向左侧移动抄 2 的投球，或向右侧移动抄 3 或 1 的投球，见图 5-87。

二十六、固定配合—中锋中路接球突破

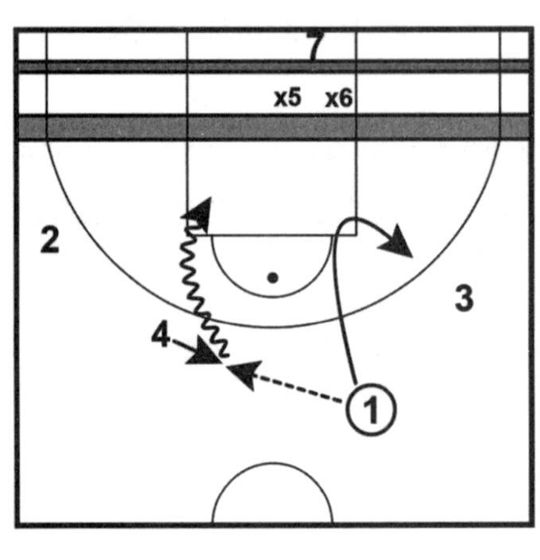

图 5-88

1 传球给稍作上提的 4，然后从中路向下切；

4 后撤向上移动并示意传球，接球后向左侧运球突破；

1 穿过篮球罚球线仍然没有接到传球，见 4 向左侧运球突破，就向右侧翼移动，见图 5-88。

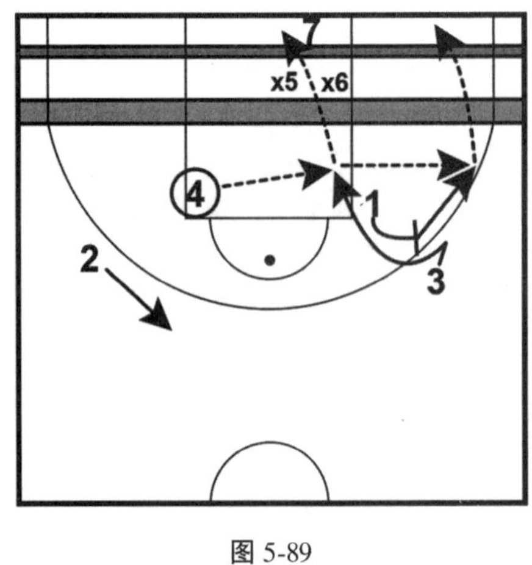

图 5-89

1 为 3 建立一个小掩护；

4 观察 3 的切入，急停做假动作然后传球给 3；

3 利用 1 的掩护向右侧内角切，准备接 4 的传球并观察右侧；

1 建立小掩护后向右侧拐角转身，准备接 4 或 3 的分球；

2 向弧顶移动；

7 抄 3 的投球，或向右跑动接 1 的投球，见图 5-89。

二十七、固定配合—侧翼发动交叉切入

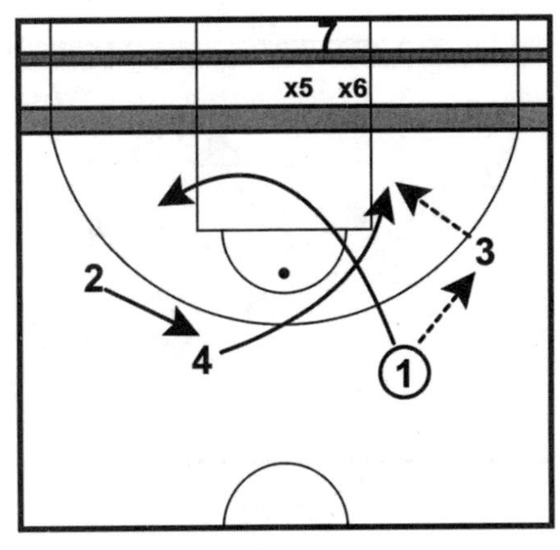

图 5-90

1 传球给右侧翼的 3，然后向中路端线切入，途中准备接 3 的传球；

4 见 1 切入就向弧顶移动，见 1 没有接到 3 的传球就绕过右侧拐角向右侧外角移动；

2 向上移动，见图 5-90。

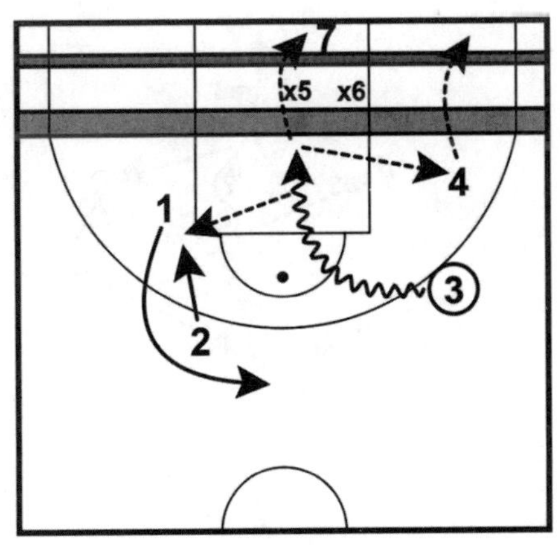

图 5-91

3 没有机会传球给 1 和 4，向中路运球突破；

1 从左侧翼绕向弧顶；

2 在 1 绕向弧顶后向下切入，准备接 3 的分球；

3 可以途中分球给 2，没有机会分球就继续向端线运球突破投球或分球给 4；

7 抄 3 投球，或有配合性的向右侧跑动抄 4 的投球，见图 5-91。

二十八、固定配合—得分后卫中路突破

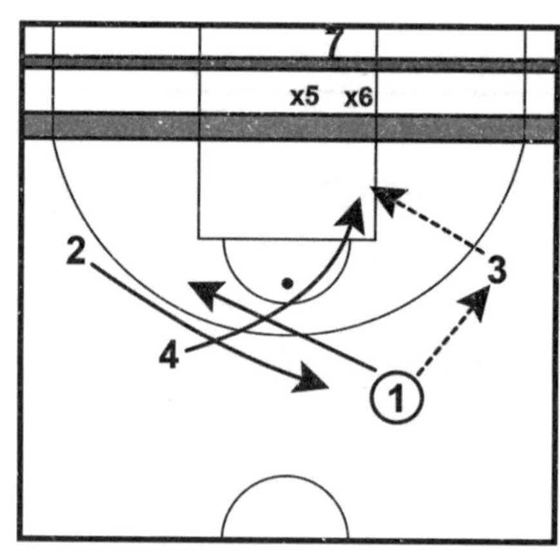

图 5-92

1 传球给右侧翼 3，然后向左侧翼下方移动；

2 向弧顶移动；

4 向右内角切入，有机会接 3 的传球投球，没有机会就向左侧限制区外角移动，见图 5-92。

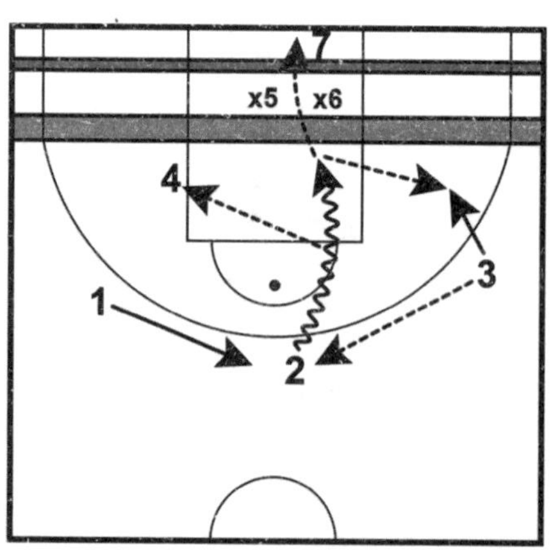

图 5-93

3 传球给移动到弧顶的 2；

2 接球向中端突破，途中有机会就传球给 4 或向后分球给 3；

3 传球稍作等待向端线切入；

1 向弧顶移动，见图 5-93。

二十九、固定配合—侧翼发动中锋中路掩护

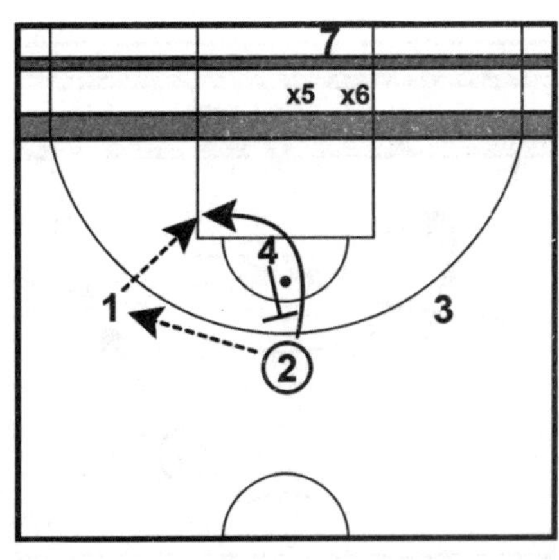

图 5-94

回到 2 在弧顶接球，2 这次没有很好突破机会，就头上摆传球给 1；

1 在左侧侧翼接 2 的快速摆球，观察内线；

4 这次在弧顶下方为 2 建立一个简易的后掩护，见图 5-94。

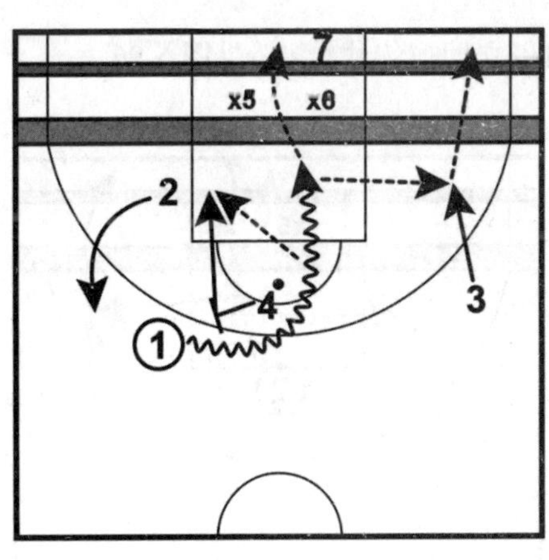

图 5-95

2 切入后没有机会接球，就向左侧翼移动；

4 为 2 建立小掩护后，立即为 1 再建立一个小掩护；

1 利用掩护从中路向端线运球突破，途中观察左右两侧队员；

4 为 1 掩护后向端线转身移动，争夺空位接 1 的分球；

3 在 1 突破后向端线切，准备接 1 的回传球；

7 抄 1 的投球，或向右侧移动抄 3 的投球，见图 5-95。

三十、固定配合—盒子落位侧翼发动

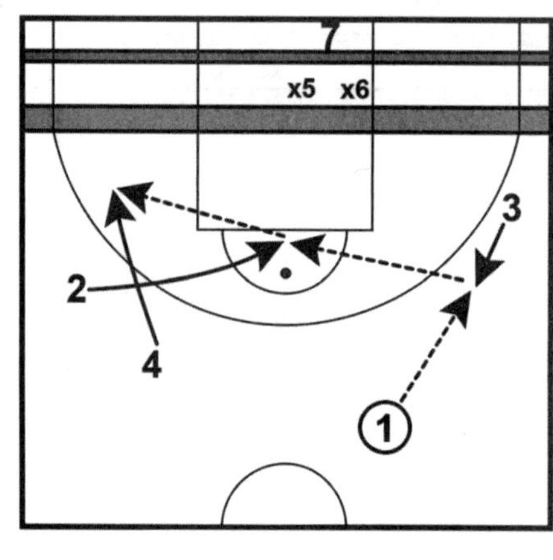

图 5-96

面对扩大紧逼防守，3 先向底角下沉；

1 在上方传球给从右侧底角上提的 3；

2 见 3 接球，就向罚球点附近切入；

4 在 2 切入后向左侧底角切；

2 在罚球点接球后，可以立即摆传球给 4，见图 5-96。

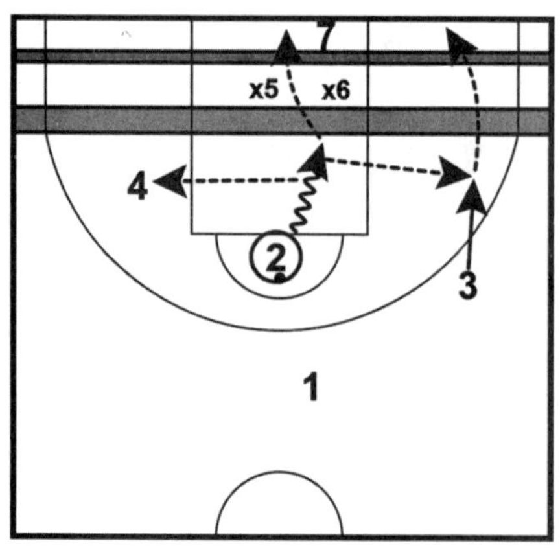

图 5-97

2 没有寻到好的传球机会就向端线突破；

4 伺机接 2 的分球；

3 随后下切，准备接 2 的向后传球；

2 途中分球给 4，没有机会分球就继续向端线突破投球或分球给 3；

7 抄 2 的投球，或向右侧跑动抄 3 的投球，见图 5-97。

三十一、固定配合—中锋拐角策应

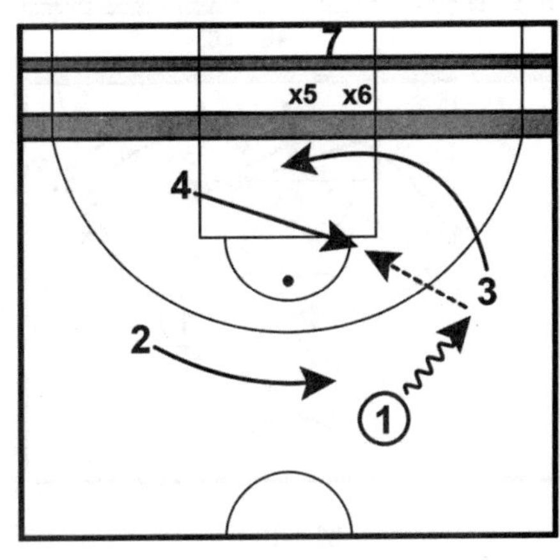

图 5-98

1 向右侧翼运球推进；

3 向右侧端线移动拉开；

4 向右侧拐角上提策应；

2 向弧顶移动，见图 5-98。

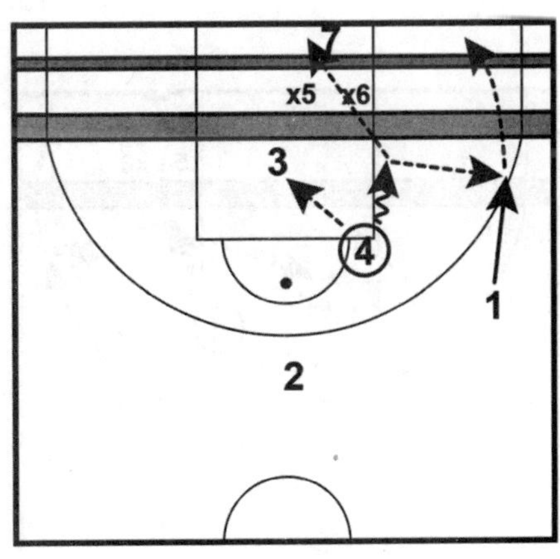

图 5-99

4 接球后转身面对端线；

3 见 4 接球，立即向左侧横切，中途准备接 4 的传球；

4 没有机会传球就选择向底线运球突破；

1 跟进准备接 4 的向后传球；

7 抄 4 的投球，或向右侧跑动抄 1 的投球，见图 5-99。

三十二、固定配合—运球推进后卫侧翼发动

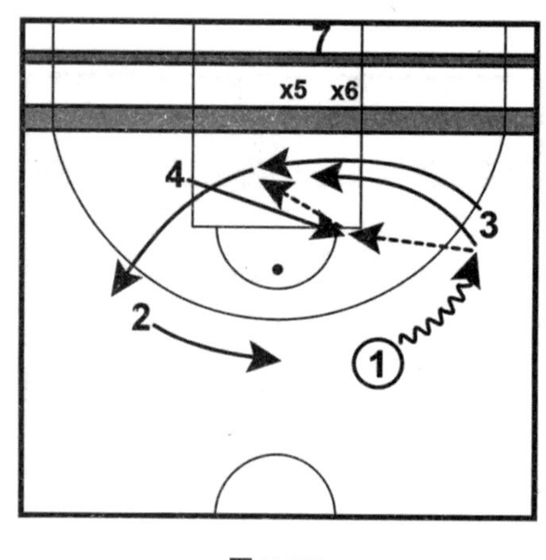

图 5-100

遇到对手收缩防守。

3 在右侧翼落位；

1 向右侧翼推进，准备在右侧翼传球给上提的队员；

3 见 1 运球推进而来，沿端线绕切到中路端线处，时刻准备接上线的传球。

4 上提到右侧拐角处接 1 的传球，然后转身面对端线，有机会传球给绕切的 3，见图 5-100。

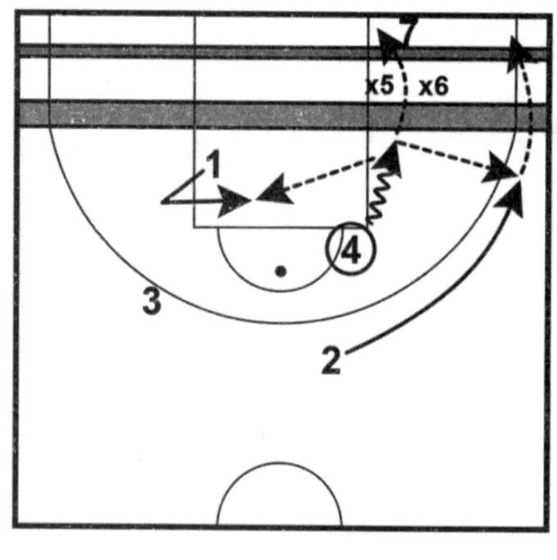

图 5-101

4 面对收缩的防守，保持耐心观察防守；

1 传球后立即绕切向中路端线处；

3 绕到左侧翼；

2 见 1 切入，跟进向底角切入；

1 没有空位接球，就绕过左侧外角从上线绕回，准备接 4 的突破分球；

4 在拐角没有传球给 3 或 1，就向端线运球突破投球或分球给左侧的 1 或右侧的 2；

7 抄 4 的投球，或向右侧跑动抄 2 的投球，见图 5-101。

三十三、固定配合—侧翼下绕中锋上提掩护

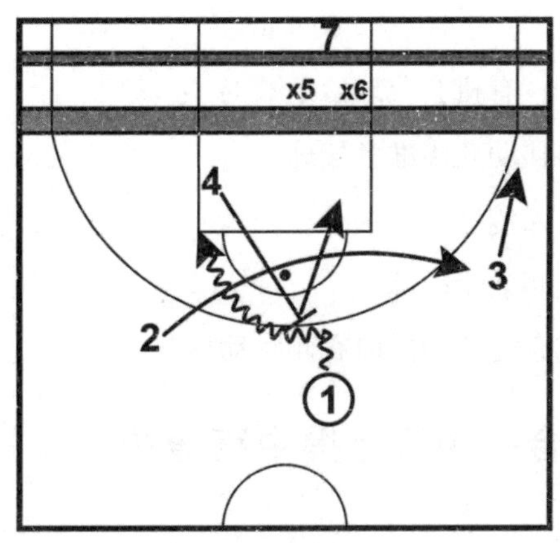

图 5-102

2 从左侧弧顶间隙绕过罚球点到右侧翼；

4 上提在弧顶下方为 1 建立下掩护；

3 见 2 切来就向右侧拐角移动；

1 利用掩护向左侧突破；

4 掩护后向下转身接应传球，见图 5-102。

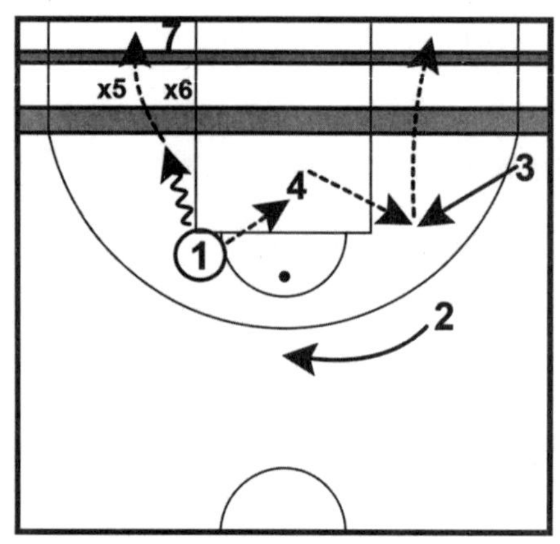

图 5-103

1 在左侧拐角稍作急停，有机会分球给下顺的 4；

3 见 4 接球就向中路斜移动几步准备接球；

4 接球做投球假动作后回传球给 3；

1 没有传球给 4 就向左侧插步投球；

7 抄 1 或 4 的投球，或有配合性的向右侧跑动抄 3 的投球，见图 5-103。

三十四、固定配合—中锋上提中路掩护

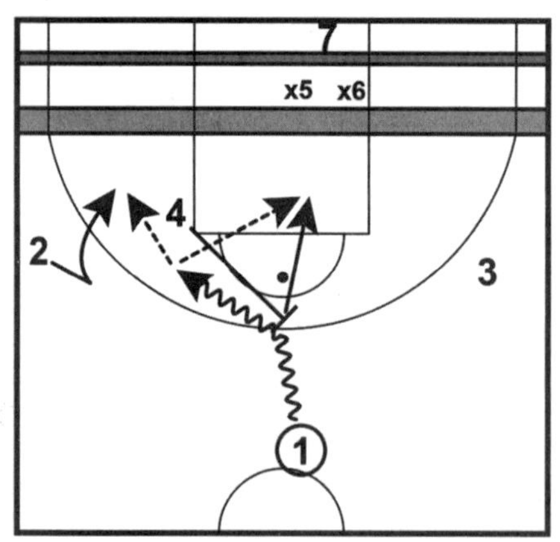

图 5-104

面对对方紧逼防守时，1 上线控球，2、3 和 4 下沉罚球点以下。

4 见 1 运球中路推进，上提意在弧顶附近为 1 建立掩护；

1 运球推进在弧顶接受掩护向左侧突破，在左拐角上方准备分球给左右两侧队员；

4 掩护后向中路下顺；

2 见 1 向左路突破，向上移动为假，反跑向左侧外角准备接球为真，见图 5-104。

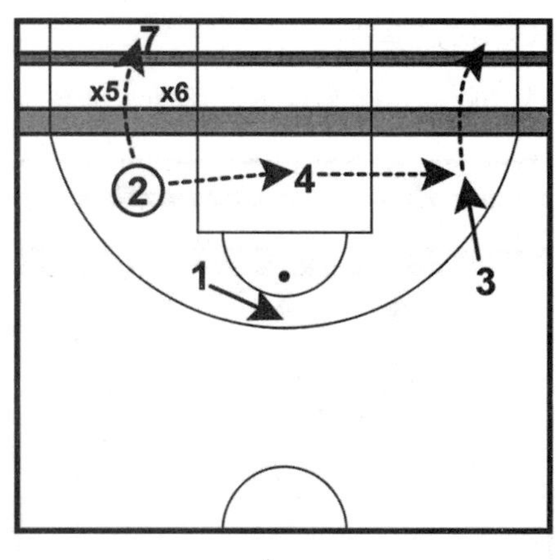

图 5-105

2 接到 1 的分球，立即投球或传球给中路的 4；

3 见 4 准备接到球，立即向端线切入；

4 接球后立即分球给 3；

1 传完球向弧顶移动保护后场；

7 抄 2 的投球，或有配合性的向右侧跑动抄 3 的投球，见图 5-105。

三十五、固定配合—中路推进回敲

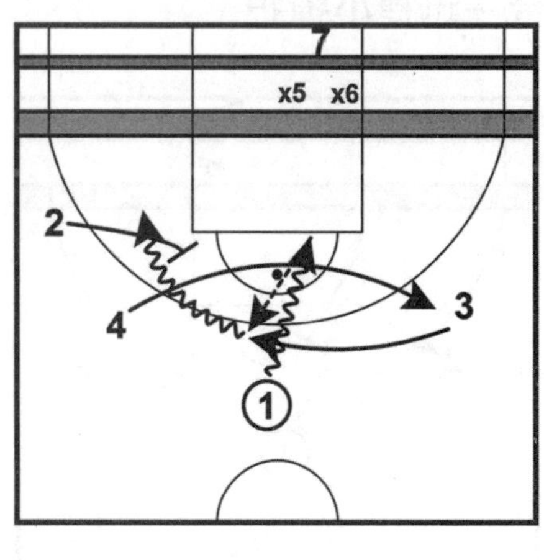

图 5-106

4 从左侧翼绕过罚球点向右侧翼切；

1 在 4 绕过后开始向中路突破；

3 见 4 切来，就跟随 1 的身后向弧顶切；

1 遇堵在罚球点附近跳步急停，准备积极回敲球给 3；

3 移动中接球后立即向左路运球突破；

2 见 3 向弧顶切即将接球，就向左侧侧翼下方移动，准备为 3 建立掩护，见图 5-106。

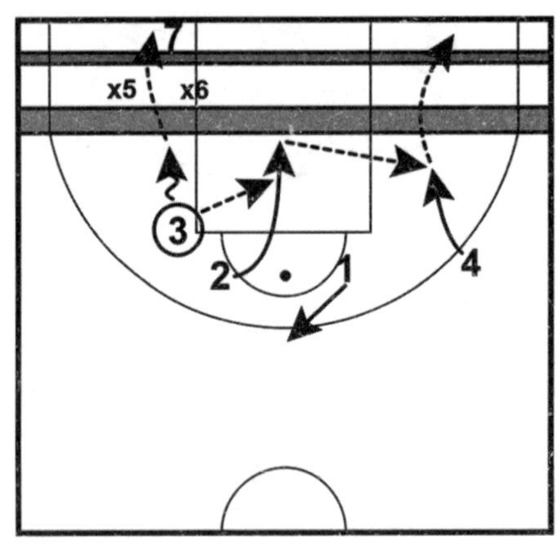

图 5-107

2 掩护后向中路顺下，准备接 3 的分球；

3 有机会自己投球，也可以分球给切出空位的 2；

4 见 2 接球向端线切入，准备接 2 的分球；

1 绕回弧顶；

7 抄 3 的投球，或向右侧跑动抄 4 的投球，见图 5-107。

三十六、固定配合—迅捷小掩护

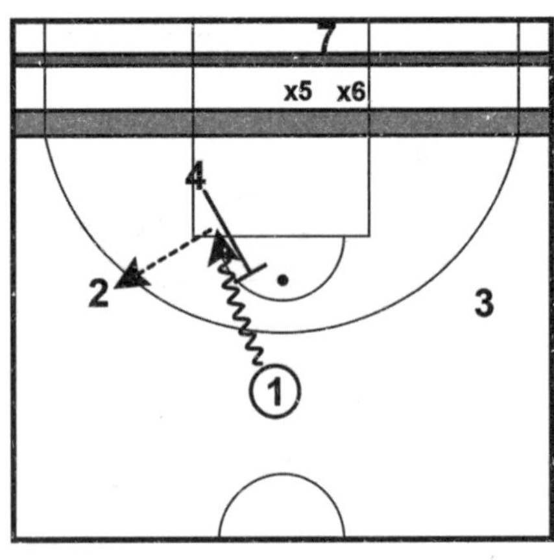

图 5-108

1 向左侧运球突破；

4 上提意在为 1 在罚球点附近建立小掩护；

1 在罚球点接受掩护并继续向左突破；

2 在左侧翼准备接 1 的分球，见图 5-108。

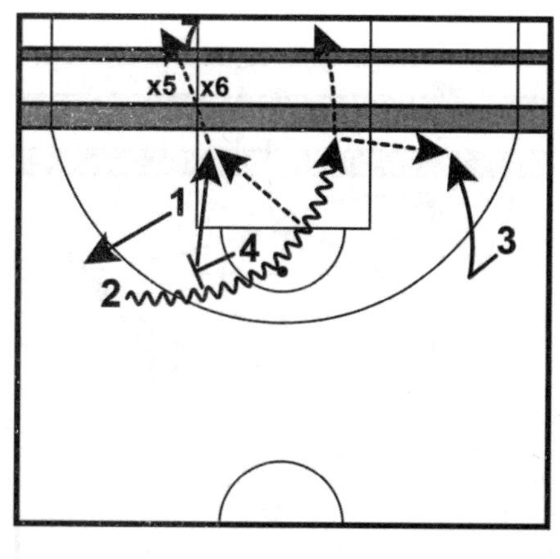

图 5-109

2 接到 1 的分球，向右路突破；

4 为 1 建立小掩护后，转身为 2 再次建立小掩护，然后下顺；

1 见 4 为 2 掩护就上提到左侧翼；

4 见 2 向右侧运球突破，上提两步为假，反跑向端线为真，准备接 2 的分球；

2 运球突破优先传球给切出空位的 4 或 3，亦可直接投球；

7 抄 4 的投球，或向右侧跑动抄 2 或 3 的投球，见图 5-109。

三十七、固定配合—前锋下绕对侧侧翼接球

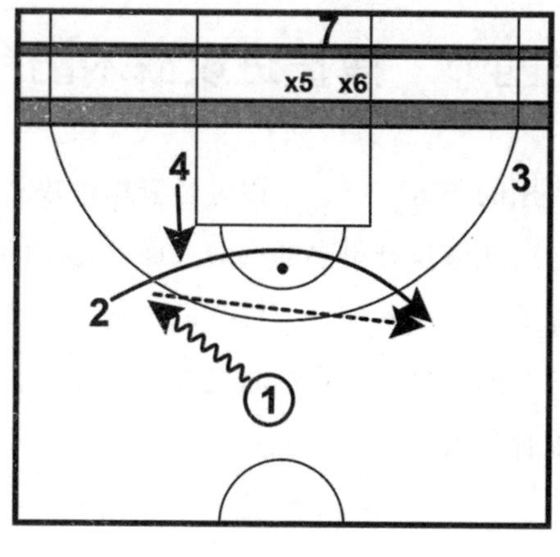

图 5-110

1 向左侧侧翼运球推进，准备向右侧分球；

2 见状绕过罚球点向右侧翼移动，准备接 1 的分球；

4 向左侧拐角上提；

3 在右侧底角等待，见图 5-110。

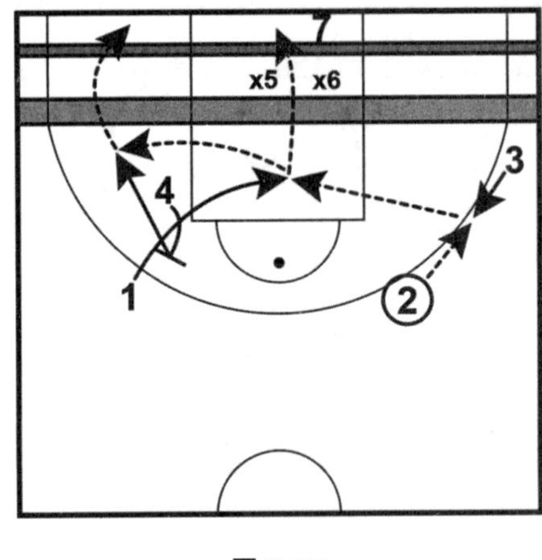

图 5-111

2 在右侧翼接球，准备传球给 3；

3 从底角上提，迎面接 2 的传球；

2 传球的同时，4 为 1 建立掩护，然后准备向底角切；

1 利用掩护向中路端线处切入；

3 接球后立即传球给切到中路的 1；

1 接球直接投球，亦可选择传球给有大空位的 4；

7 抄 1 的投球，或向左侧跑动抄 4 的投球，见图 5-111。

第四节　掩护进攻战术配合

篮球运动中掩护配合应用的非常广泛，可以说是篮球进攻战术的支柱。珍珠球进攻范围更加宽广，进行掩护配合后能够拉开更多的空间，保证速度的前提下在运球移动进攻战术体系中进行掩护配合，能够丰富战术配合，提升进攻效率，增强比赛观赏性。掩护配合时要充分利用宽阔的区域，把握好掩护配合的时机性和空间性，保持足够耐心，弱侧队员相互配合，从而保障掩护配合的效果。

一、固定配合—前锋上提掩护

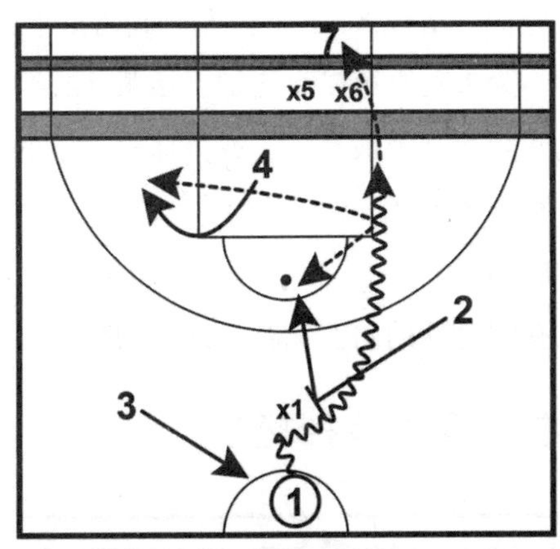

图 5-112

珍珠球的掩护配合较多运用到有球掩护配合，前锋上提是一项比较好的选择。

1 运球寻找突破机会，示意右侧 2 上提掩护，先向左侧运球为虚；

2 上提为 1 建立后掩护或侧掩护；

1 利用 2 刚站稳的良好时机向右侧变向突破；

2 观察 X1 的选择，如果 X1 选择上线绕过跟随防守，2 采用左脚为轴前转身堵截；如果 X1 选择向后退穿过防守，2 采用右脚为轴后转身堵截。

1 突破到右侧拐角投球，或分球给向左侧移动的 4，或向后分球顺势拆下的 2；

3 保持上线准备保护后场；

7 抄 1 的投球，或有配合性的向左侧跑动抄 4 的投球，见图 5-112。

二、固定配合—斜角连续两次掩护

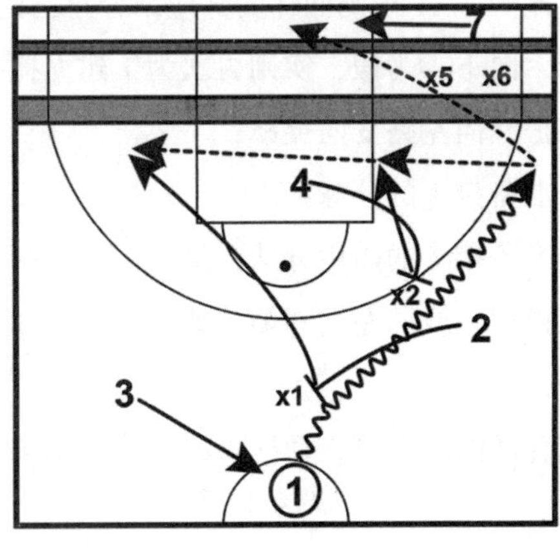

图 5-113

面对强悍的防守，往往需要错位连续两次掩护才能为核心队员创造良好投球机会。

1 运球示意 2 来建立掩护；

2 斜向上移动为 1 建立掩护，堵截 X1 后，向左侧底角拆下；

4 从中路向右上方移动，为 1 建立第二个掩护，堵截 X2，随后向左下拆；

1 利用两次掩护向右侧底角运球突破投球，或分球给拆下的 4；

4 接球后投球，或分球给左侧的 2；

3 保持在中路准备保护后场；

7 抄 1 的斜线投球，或有配合性的向左侧跑动抄 2 的投球，见图 5-113。

三、固定配合—中锋连续单挡掩护

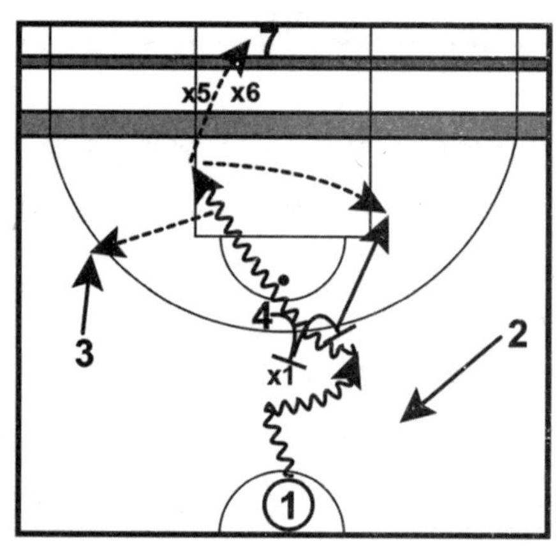

图 5-114

中锋中路掩护不成功时，掩护队员转身建立第二次掩护，往往能起到很好的效果。

1 在弧顶运球示意中锋 4 上提掩护；

4 为 1 建立一个右路的掩护，X1 接到同伴的呼应结合自己的判断抢位继续防守 1；

4 见此情况向右路转身，向下拆为假，实则再次为 1 建立掩护；

1 再次利用 4 的左路掩护，向左路变向突破；

4 掩护后向右侧拆下，准备接 1 的分球；

3 见此情况向下跟进，准备接 1 的向后分球；

1 突破到左侧拐角附近投球，或向左右两侧分球；

2 向中路移动保护后场；

7 抄 1 的投球，或有配合性的向右侧跑动抄 4 的投球，见图 5-114。

四、固定配合—前锋交叉掩护接球

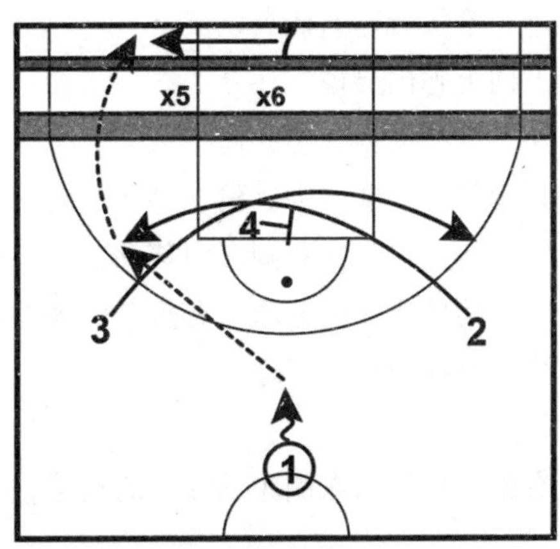

图 5-115

无球掩护能创造更轻松的接球进攻机会，还能为强侧的进攻分担进攻压力。

1 运球推进，2 和 3 见没有接球进攻机会时，2 先向下移动，3 随后向下移动，均接受 4 的掩护向上移动；

4 为先移动的 2 建立掩护，随后转身为后移动的 3 建立掩护；

2 利用 4 的掩护贴身绕切向左侧翼接 1 的传球；

3 利用 4 的掩护无论 2 是否接到球，仍然向右侧翼绕切；

2 接球后投球或分球给 4；

7 抄 2 的投球，或有配合性的向右跑动抄 4 的投球，见图 5-115。

五、固定配合—横向连续两次掩护

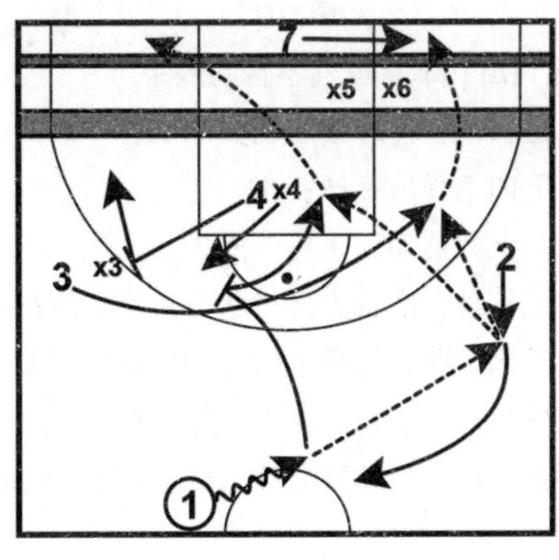

图 5-116

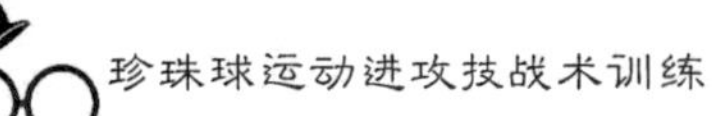

横向连续两次无球掩护旨在帮助核心队员摆动防守队员的防守，获得空位接球投球的机会。

1 由左侧向中路运球推进，准备传球右侧翼队员；

2 见 1 向中路运球，由下向上弹出接球；

4 见 1 向中路推进，向左上方移动为 3 建立掩护；

1 传球给 2 后，向弧顶附近移动，准备为 3 建立第二个掩护；

3 耐心观察充分利用 4 和 1 的掩护，向右侧横向移动，准备接 2 的传球；

1 掩护后拆下，准备接 2 的传球或 3 的分球，有机会坚决投 2 分球；

4 掩护后向下移动，有机会在底角接球投球；

2 传球后向弧顶移动保护后场；

7 跑动抄 1 的投球，或有配合性的向右侧跑动抄 3 的投球，见图 5-116。

六、固定配合—为掩护队员掩护

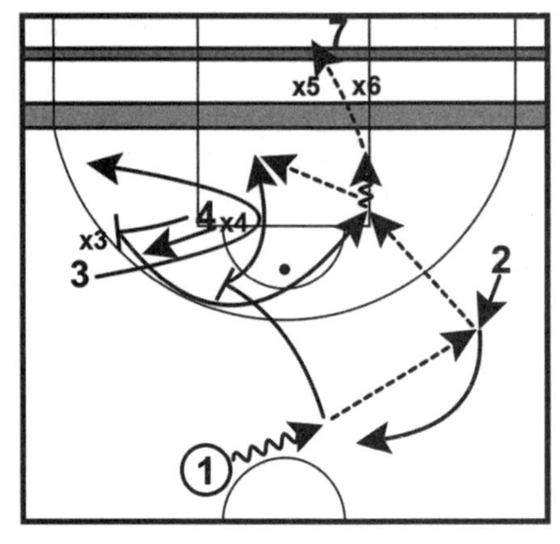

图 5-117

为掩护队员掩护往往起到出其不意攻其不备的效果。

1 运球由左侧向中路推进；准备传球给右侧翼队员；

2 见 1 向中路运球，由下向上弹出接球；

4 见 1 向中路推进，向左上方移动为 3 建立掩护；

1 传球给 2 后向弧顶附近移动，准备为掩护队员 4 建立掩护；

3 利用 4 的掩护后切向右侧中路，见没有机会接球就向左侧底角绕切；

2 接球后有机会可以传球 3，最好传球给第二次跑动的 4；

4 利用 1 的掩护向右侧拐角切，接球后分球给拆下的 1，或向内线运球突破投球；

2 向中路移动保护后场；

7 抄 4 的投球，或有配合性的向左跑动抄 1 的投球，见图 5-117。

七、固定配合—手递手传接球配合上提掩护

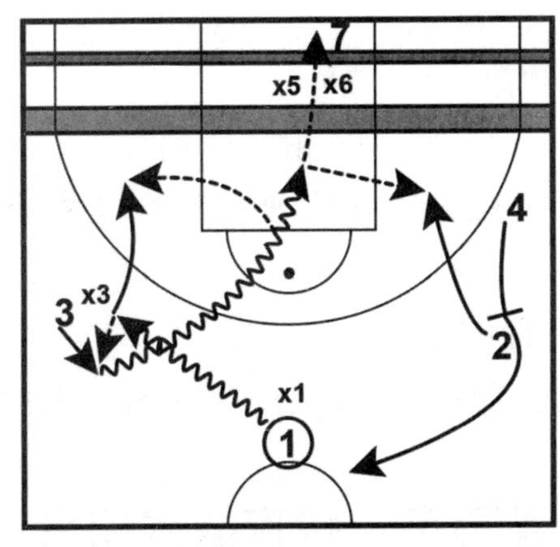

图 5-118

1 面对强力防守队员 X1，向左侧翼侧身运球推进；

3 见 1 迎面运球，下切为假，向上包切为真，诱导 X3 后退防守；

1 为 3 建立掩护侧身堵住 X3 的移动线路，手递手传球给 3；

4 和 2 同时在弱侧进行配合，分担强侧进攻压力，4 上提为 2 建立掩护，2 向下切入；

3 接球立即向中路突破，在罚球点附近分球给拆下的 1，没有传球机会就向端线继续运球突破投球或向后传球给切下的 2；

4 掩护后上提中路准备保护回防后场，

7 抄 3 的投球，或有配合性的向右侧跑动抄 2 的投球，见图 5-118。

八、固定配合—两侧双上提掩护

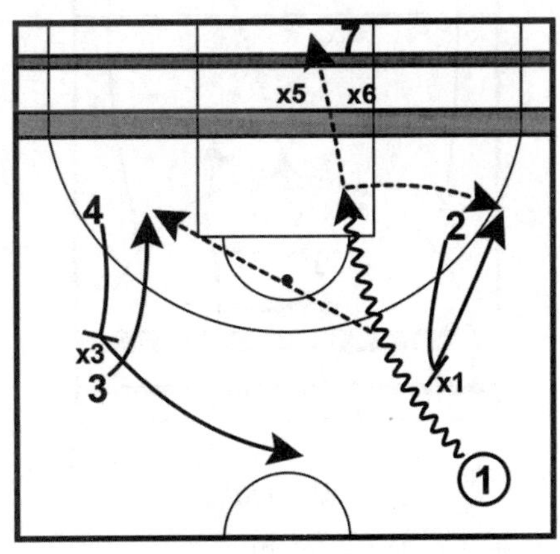

图 5-119

四名队员盒子落位，2 和运球队员 1 在右侧掩护配合，4 和 3 在弱侧掩护，

1 和 3 在上，2 和 4 在下形成盒子落位；

2 在右侧上提为 1 建立有球掩护；

4 同时上提为 3 建立掩护；

1 利用掩护向右侧拐角运球突破，3 利用掩护向端线切入；

1 突破到右侧拐角附近分球给拆下的 3，没有传球机会就继续向内线运球突破投球或向后传球给 2；

4 掩护后上提中路准备保护后场；

7 抄 1 的投球，或有配合性的向右侧跑动抄 2 的投球，见图 5-119。

第五节　快攻战术配合

一、固定配合—后卫插中接应前传快攻

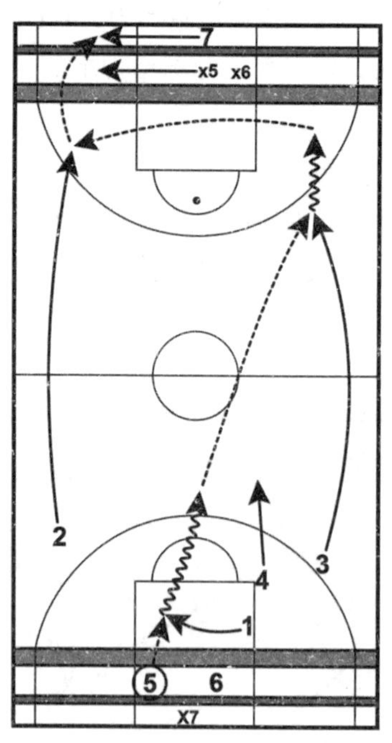

图 5-120

1 横切接应，然后向前推进，观察左右两侧队友，

3 见 1 接应球，快速沿边线向右侧翼侧身跑动；

1 在后场弧顶传球给右侧的 3；

3 在右侧翼接传球继续向前运球突破，见挡板队员 X5 和 X6 被吸引及时向左侧传球；

2 接应 3 的分球及时投 2 分球；

7 先向右侧移动，吸引挡板队员，见 3 分球给 2，立即向左侧跑动抄 2 的投球，见图 5-120。

二、固定配合—后卫快传中锋快下快攻

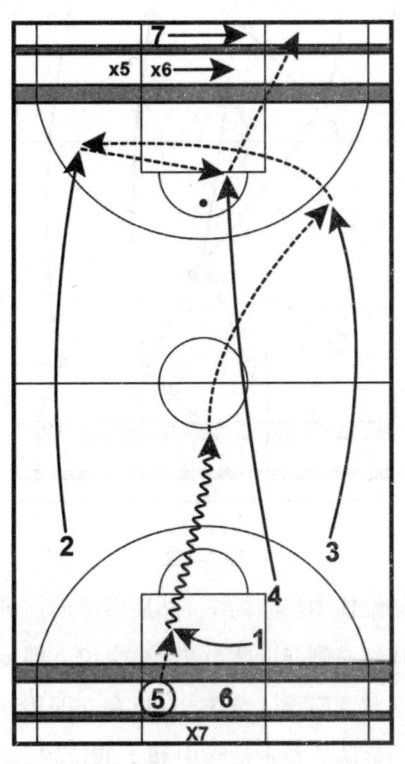

图 5-121

1 接 5 的发球，向中圈推进，观察左右两侧队员，有机会传球给 3；

3 在右侧翼接球同时观察左侧翼的 2，有机会直接传给 2；

2 在左侧翼接球观察挡板队员是否防守自己投球，被防守时立即传球中路切入的 4；

4 接到球再向右侧投球，往往能够取得良好效果；

7 先向右侧移动第一次带动防守，见 3 分球给 2，向左侧移动第二次带动防守，最后迅速向右侧移动抄 4 的投球，见图 5-121。

三、固定配合—四人接应快速传球快攻

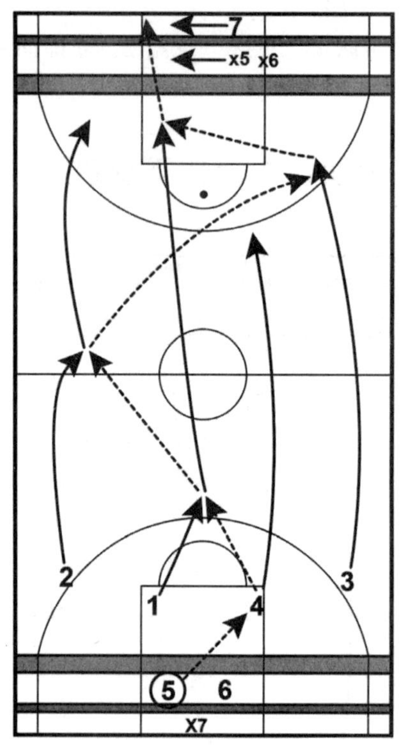

图 5-122

4 接 5 的发球，转身传球给插中接应的 1，然后继续向前场移动；

1 接应 4 的传球，同时观察左侧前锋队员 2，有空位立即传给 2，然后继续向前移动；

2 接 1 的传球，同时观察对侧前锋队员 3，有机会立即传球给 3；

3 接 2 传球，同时观察挡板队员是否被吸引和 1 的位置，挡板队员被吸引就分球给切入的 1；

1 有机会就向左侧投 2 分球；

7 随球移动有配合性的把挡板队员带向右侧，最后快速向左反跑抄 1 的 2 分投球，见图 5-122。

四、固定配合—前锋快下横切接应快攻

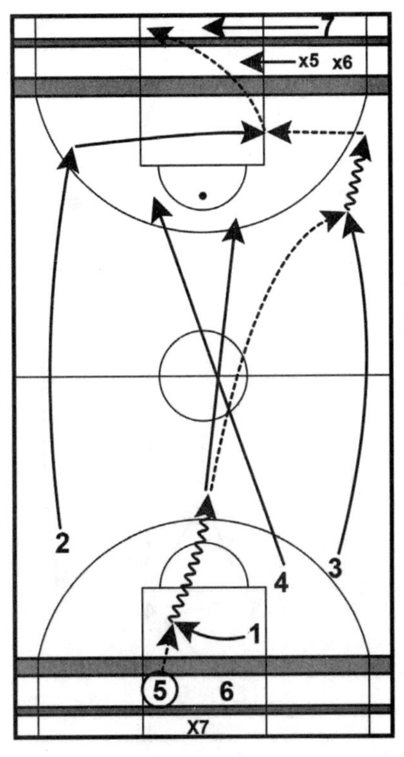

图 5-123

1 横切接 5 的发球，立即向前推进，观察两前锋队员是否跑出空位；

1 传球给跑出空位的 3，然后向弧顶跑动；

2 见 3 在右侧侧翼接球，就从左侧翼向右侧外角切入，准备接 3 的传球；

3 接球继续向内线运球突破，观察左侧及时分球给 2；

2 接球后观察挡板队员，可以向左侧投球，亦可投防守跑动的反方向，向右侧投球；

7 在右侧停留，见 3 分球给 2 立即向左侧跑动抄 2 的投球，见图 5-123。

五、固定配合—后卫中路推进至前场快攻

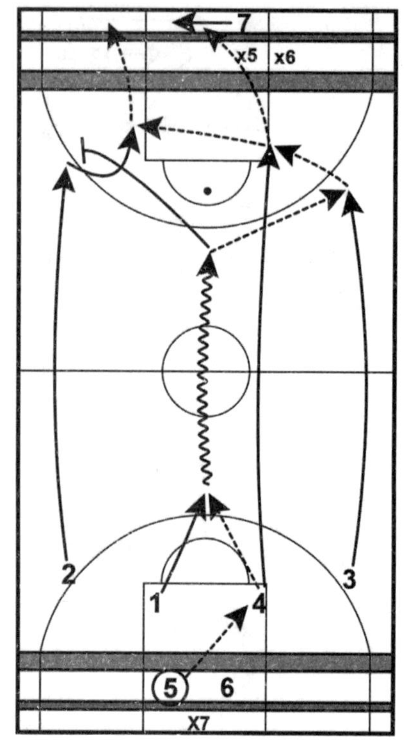

图 5-124

4 接 5 的发球及时传球给插中接应的 1，然后向前场右侧拐角跑动；

1 接球后从中路向前推进，在弧顶上方传球给跑动到右侧翼的 3，然后给左侧的 2 建立掩护；

2 利用掩护向中路切；

4 在右侧拐角接 3 的快速传球，投球或分球给左侧队员；

7 在右侧等待接 4 的投球，见 4 分球给 2 立即向左跑动抄 2 的投球，见图 5-124。

六、固定配合—前锋边线推进快攻

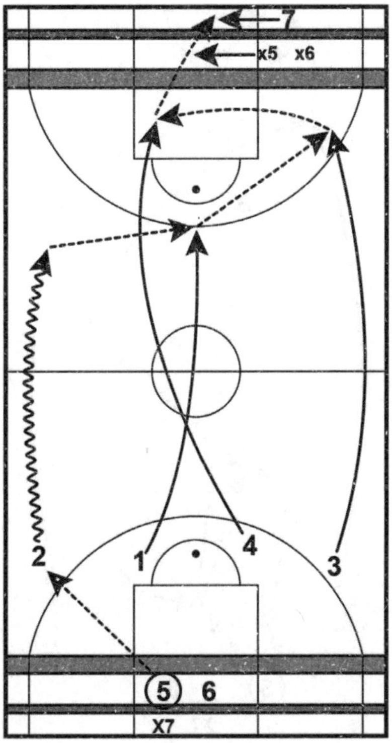

图 5-125

2 接 5 的发球，沿着左侧边线向前推进，过中场线分球给中路的 1；

1 在弧顶附近接 2 的传球，同时观察右侧切入队员，有机会立即传给跑出空位的 3；

3 在右侧翼下方接球，观察挡板队员及 4，挡板队员被吸引立即分球给中路的 4；

4 有机会及时投 2 分球；

7 配合 3 把挡板队员带向右侧，见 3 分球给 4 立即向左侧反跑抄 4 的投球，见图 5-125。

七、固定配合—四人接应交叉传球快攻

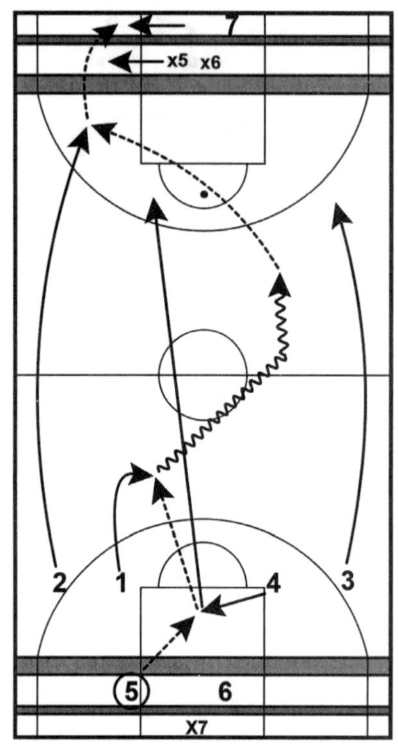

图 5-126

4 向下接 5 的发球，及时分球给 1，然后向对角（左侧拐角）跑动；

1 接 4 的分球向右侧运球推进，吸引水区防守队员及挡板队员；

2 沿着左边线跑动，过弧顶后向内切入便于接球；

1 向右侧推进观察前方队员，及时传球给跑出空位的 2；

3 沿右侧变向快下，吸引防守队员；

7 在中路等待，见 1 分球立即向左侧反跑抄 2 的投球，见图 5-126。

第六节　进攻全场人盯人防守战术配合

一、盒子落位双上提掩护

同时出现两个接发球机会，是非常实用的进攻全场紧逼防守方法。前锋、中锋队员一

般在盒子的下方，遵循防守转进攻的自然落位，前锋上提为后卫队员掩护，后卫队员接球推进也更加安全。

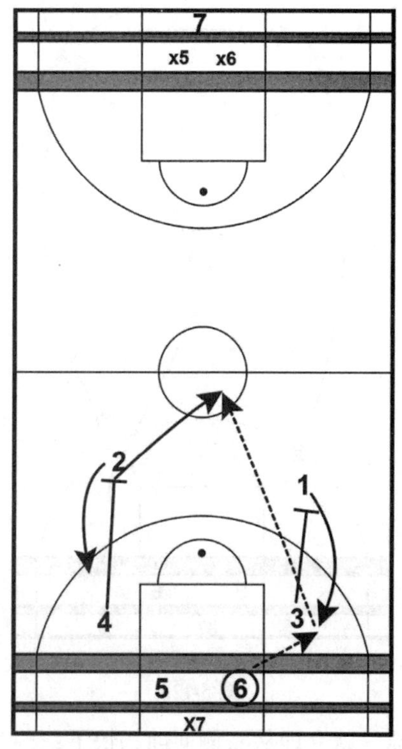

图 5-127

3 和 4 在罚球线以下，1 和 2 在罚球线以上，左右保持间距，形成盒子落位；

3 和 4 卡位接发球有一定难度，被紧逼抢断的风险较大时，就同时上提分别为 1 和 2 建立后掩护；

1 利用掩护下切接挡板队员 6 的挑发球；

2 不论 1 有没有接到球都下切，分担进攻压力，但观察到防守队员已发现对侧接到球就急停反跑向前场；

1 接球后立即转身，观察中圈附近及前场；

4 为 2 建立掩护后转身观察 1 和 2 谁接到球，见 1 接到球就向中圈切，接 1 的头上传球，见图 5-127。

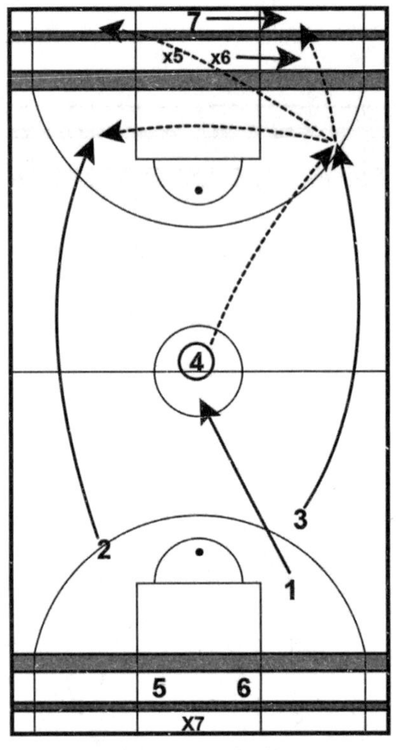

图 5-128

3 掩护后观察到 1 接到球，就立即从右侧向前场快下；

4 接球后由中路推进几步或直接传球给跑出空位的 3；

2 急停后沿左侧快下到前场，准备接 3 的分球，以期投击地 2 分球；

3 接球 4 的传球，直接投击地两分球，或远吊左侧投击地 2 分球，或分球给有更好机会的 2；

1 从中路跟随进入前场；

7 接 3 的投球，或有配合性的向左侧跑动抄 2 的投球，见图 5-128。

二、盒子站位双横向掩护

盒子落位双上提掩护进攻全场紧逼发球多次后，防守队员就会有一定的预判，采用换防、提前抢位等提高紧逼效果，把上提掩护变化为横向掩护是很好的策略。掩护中遵循后卫队员为前锋中锋队员主动掩护的方式，前锋中锋队员耐心等待，建立良好掩护后再向对侧切，后卫队员掩护后卡位往往能安全接发球。

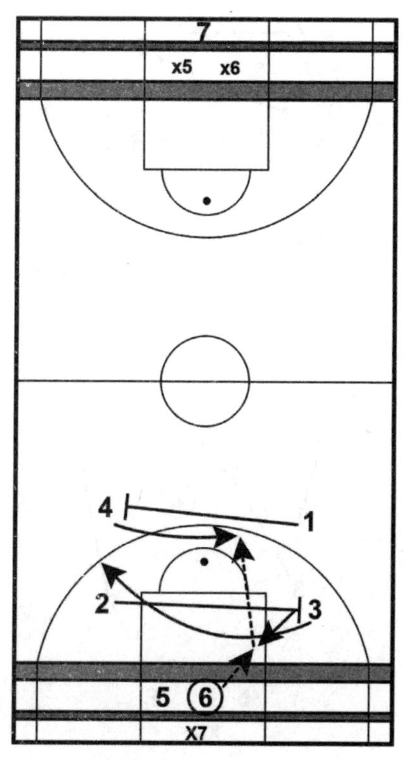

图 5-129

1 和 4 在上线，2 和 3 在下线，两两保持间距，形成盒子站位；

2 向右侧横向移动为 3 建立后掩护；

1 见 2 移动到中间区域时立即向对侧移动为 4 建立后掩护；

3 耐心等待并配合 2 建立高质量掩护，待 2 站稳时立即向左侧横切，有机会接 6 的发球；

4 耐心等待并配合 1 建立高质量的掩护，待 2 站稳时立即向右侧横切；

3 没有机会接球就向左侧侧翼继续移动；

2 掩护后侧身把防守队员卡在上线，伸手示意发球，接球后立即向中路及前场观察；

4 在 2 接球同时切至中路，接 2 的传球；

2 传球给中路出现空位接球机会的 4，见图 5-129。

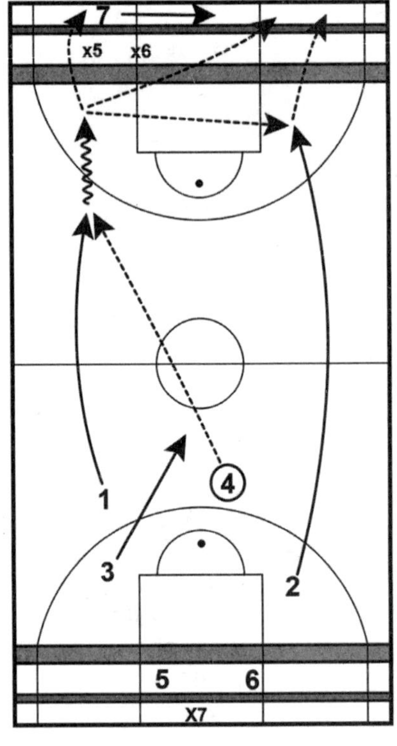

图 5-130

1 掩护后立即沿左边快下；

4 接球前就应该预判和观察左侧 1 的快下到达的位置，接到球后立即向左前方传球；

2 传球后沿右边快下；

3 从中路进入前场；

1 接到球向前推进，途中分球给快下的 2 投球，或推进靠近水区端线投击地 2 分球，或投远吊右侧击地 2 分球；

7 抄 1 的投球，或有配合性的向右侧跑动抄 1 远投或 2 的投球，见图 5-130。

三、四人一排接应

面对紧逼防守强度很大的球队，四人一排，同时设置 4 个接球机会，损失一些快攻的提前量，提高进攻安全性。根据对方速度调整落位高度，对方快就靠近水区端线卡位接球，对方身材高大就提到罚球线附近反跑向下接球。遵照利用身体优势卡位要球，或利用速度优势拉开空间反跑接球。

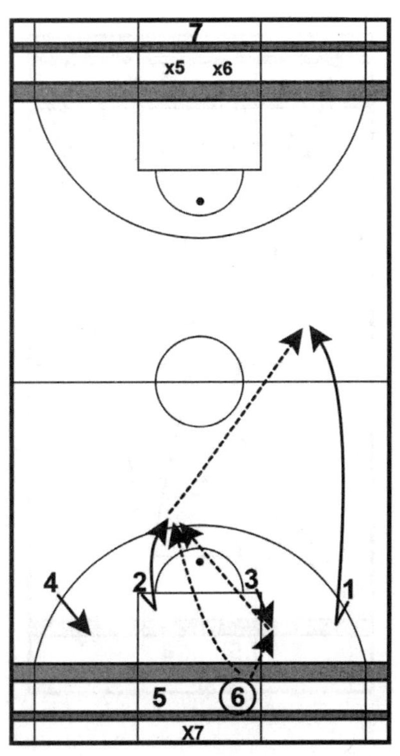

图 5-131

1、2、3 和 4 在罚球线及延长线一字排开落位，都用反跑或卡位的方式寻找接应球的机会；

3 向下反跑接应球是比较安全的选择；

2 向下反跑没有机会，则侧身卡住防守队员向上反跑，接 6 的头上发球也是很好选择；

3 接球后可以立即传球给 2；

1 见同侧的 3 接到球，立即沿右边快下；

4 见对侧 3 接到球，就准备从中路快下，

1 在中场接 2 的传球，见图 5-131。

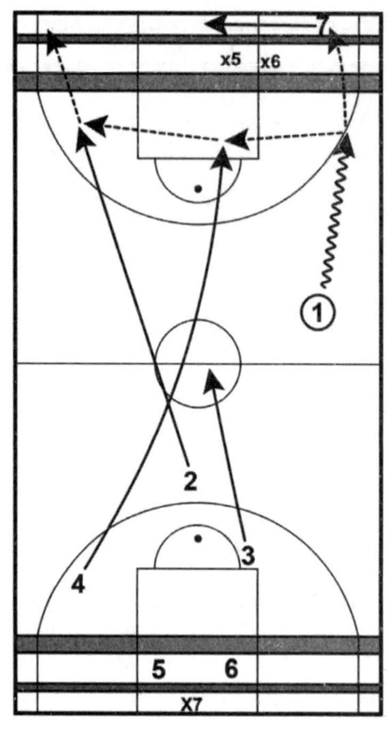

图 5-132

1 从右侧运球向前推进，在途中向中路分球，或推进到水区端线投球；

4 快下到中路接 1 的传球投球，或分给更好机会的 2；

2 交叉向左侧底角快下，准备接应 4 的分球投击地 2 分球；

3 从中路跟进；

7 抄 1 的投球，或向左侧跑动抄 4 的投球，或再次向左侧跑动抄 2 的投球，见图 5-132。

四、锋位队员底角强力卡位

球队拥有强力前锋或中锋时，安排他们在左右两个底角强力卡位要球，既安全又直接。队员降低重心，侧身使用靠近防守队员的手臂弓起，肘部顶住防守队员，跟随防守移动不断调整姿势，获得安全接球的空间。

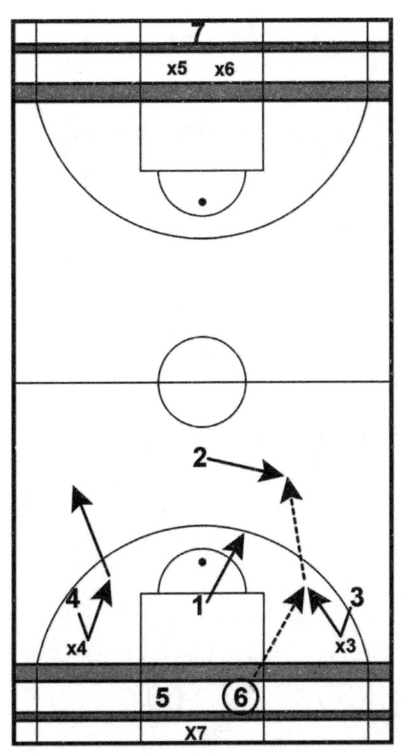

图 5-133

3 和 4 分别落位到左右侧翼下方，1 和 2 一上一下自然落位；

3 见有接发球机会，先向下移动带动 X3 向下移动，在身体接触中接近水区端线，突然转身降低重心侧对防守队员，抬起左手肘顶住防守队员，右手举起示意吊发球；

4 在左侧 V 型跑动卡位，转身抬起右手肘顶住防守队员，接 6 的吊发球；

6 知道 3 和 4 具备很好卡位接球能力，待抢到具备良好接球机会时，就及时吊发球给 3 或 4；

3 在接球前就开始观察上线人员 2 的位置及动向；

2 见 3 接到球，及时向右侧移动迎接球；

3 接到发球有机会首先传球给 2，也可以自己运球推进；

4 见 3 接球就沿左侧快下；

1 向 2 身后移动，准备沿右侧快下，见图 5-133。

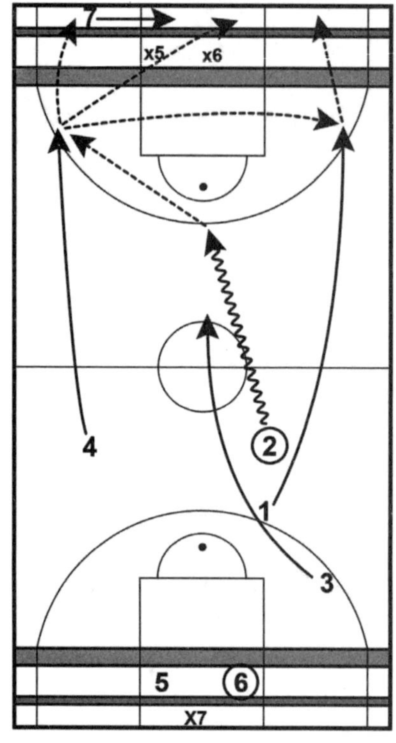

图 5-134

2 接球后从中路向前推进至弧顶附近，途中不断阅读防守，观察左右两边队员；

4 快速移动到穿过左侧翼，准备接 2 的传球；

1 快速移动穿过右侧翼，准备接 2 或 4 的分球；

3 从中路跟进；

4 接球后左侧击地投球，或向右侧远吊投球，或分球给右侧的 1；

1 伺机接 4 的远传球右侧击地投球；

7 抄 1 的投球，或向右侧跑动抄 1 的远投或 3 的投球，见图 5-134。

五、双后卫中路外弹接应

由中路向弹出的接应发球，能够很好利用左右两边的空间安全接到发球，两名后卫同时外弹增加了接应机会，丰富进攻变化，使防守队员难以紧逼防守。

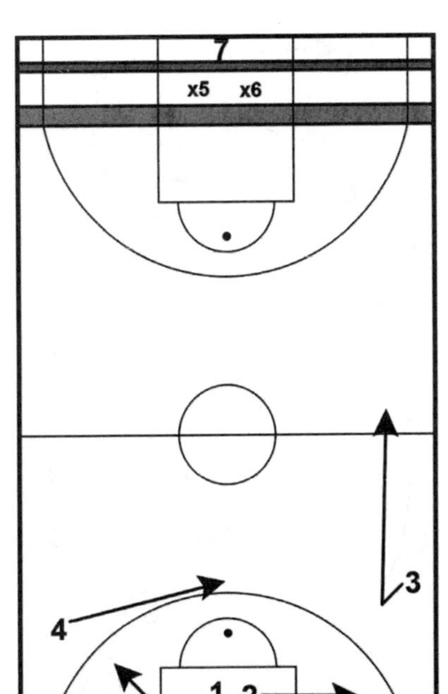

图 5-135

1 和 2 罚球线以下相互靠近落位，3 和 4 自然落位左右上线两侧；

2 见 6 夹球，就首先向右侧外弹接应发球；

1 见 6 夹球，就在 2 外弹后外弹，如果 5 夹球，1 先外弹即可；

4 见 2 接到球后向中路切入，准备接 2 的分球；

3 见 2 接到球，立即反跑沿右侧快下；

1 见 2 接到球，就向左侧移动准备沿边快下，见图 5-135。

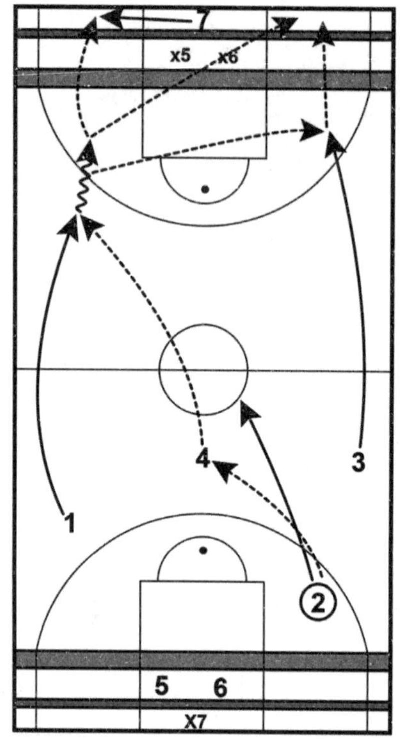

图 5-136

2 接到球后首先传球给中路，也可以自己运球推进；

4 接球前观察左侧队友的位置及动向，接球后向左前方传给 1；

1 接球向前推进，途中传球给右侧的 3，或推进到水区左侧端线附近投击地球，或向右侧投远吊击地球；

2 传球后从中路跟进到前场；

7 抄 4 的投球，或向右侧跑动抄 4 的远投或 1 的投球，见图 5-136。

六、全场手递手围绕推进

面对顽强凶悍的紧逼防守，安全推进到前场成功进攻是关键。手递手传球采用侧身面对防守队员推进，接球队员向后围绕接球，具有推进速度减慢相对安全的特点，成为应对强力紧逼防守很好的方法。

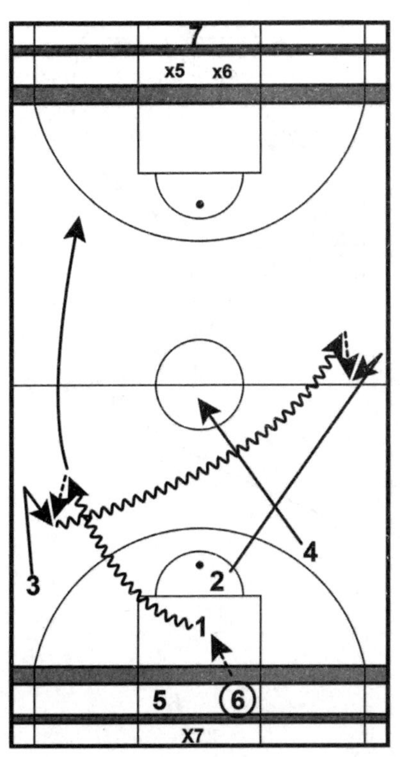

图 5-137

1 接应 6 的发球，然后侧身面对防守队员，向左侧运球推进；

3 沿左边前移动，在左侧边线与 1 配合，在 1 即将停止运球身体卡住防守队员的时机，反跑接 1 的手递手传球，然后侧身向右侧推进；

2 向右侧边线移动，在右侧边线与 3 配合，在 3 即将停止运球卡住防守队员的时机，反跑接 3 的手递手传球，然后侧身向左侧推进；

1 卡位停球传球后待 3 向右侧移动超越自己后，沿左侧移动；

4 向中路移动，见图 5-137。

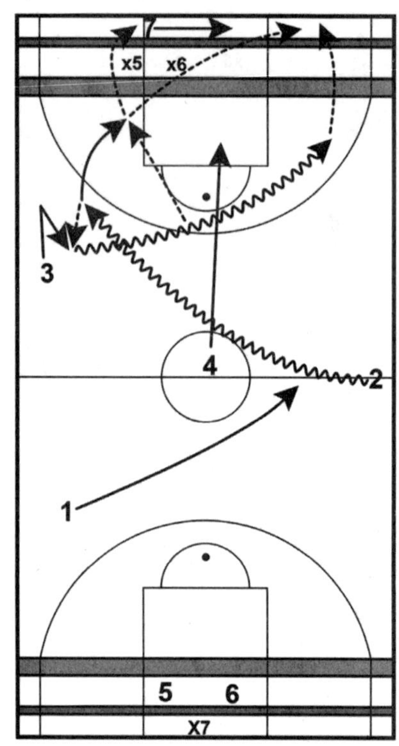

图 5-138

1 传完球立即向右前方移动；

2 接球侧身面对防守队员，向左侧底角推进；

3 沿左边前移动，在左侧边线与 2 配合，在 2 即将停止运球身体卡住防守队员的时机，反跑接 1 的手递手传球，然后侧身向右侧推进；

3 途中可以分球给拆下的 2，也可以突破向右侧寻找投球机会；

2 掩护传球后注意卡位，待 3 推进两步后，拆下准备接 3 的途中分球；

2 接球可以直接投 1 分球，或向右侧远吊投击地球；

4 从中路跟进；

7 抄 2 的投球，或向右侧跑动抄 2 的远投或 3 的投球，见图 5-138。

第六章　珍珠球运球突破移动进攻——练习方法

第一节　赛前热身类

一、两人端线发动传接球

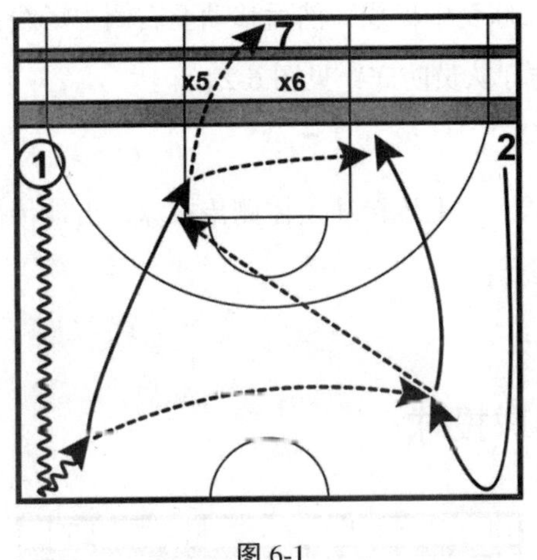

图 6-1

1. 组织方法

1 沿左边线运球推进至中场线返回；

2 见 1 启动立即沿右边线快速移动至中场线返回；

1 传球给 2，然后接回传球投球，见图 6-1。

2. 练习变化

1 再次传球给 2，2 接球投球；

右侧推进如同左侧；

2 传球后主动去防守 1；

二、两人传接球攻防练习

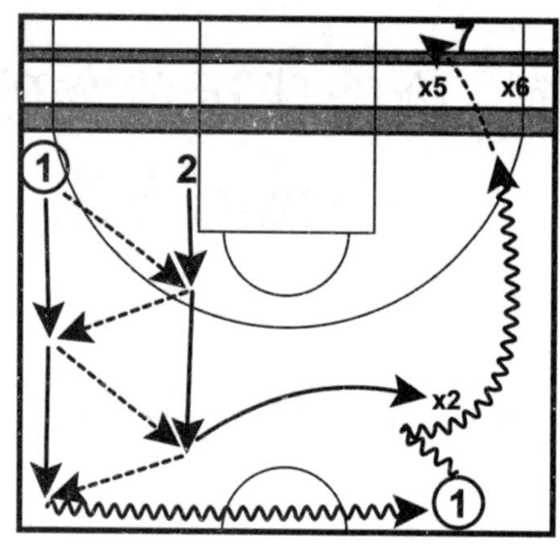

图 6-2

1. 组织方法

1 和 2 在场地左侧传接球至中场线，然后移动至右侧中场线；

1 运球进攻，2 变为防守队员防守；见图 6-2。

2. 练习变化

1 和 2 采用胸前传接球、头上传接球、体侧传接球、击地传接球等传球技术；

X2 的防守强度不断提升；

右侧练习如同左侧。

三、远传切入接球投球

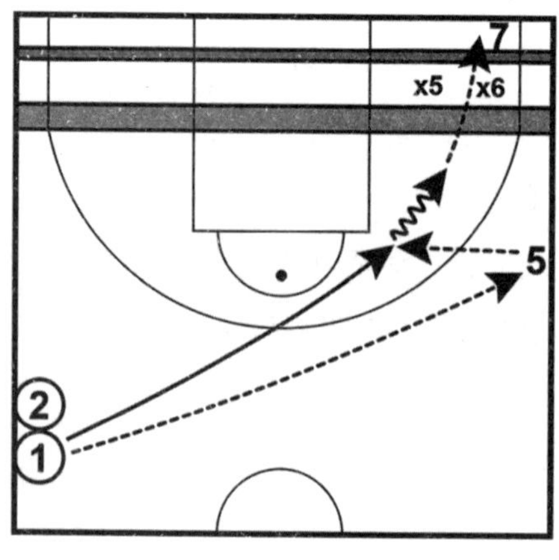

图 6-3

1. 组织方法

5 站在假想罚球线与边线的交点处；

1 传球给对侧的 5，然后向 5 切入；

5 观察传球给跑出空位的 1；

1 接回传球投球、运球突破、外弹投球均可；

1 投球后接 7 的递交球到 2 身后排队，见图 6-3。

2. 练习变化

左侧传切亦可；

投球队员采用多种投球方式。

四、三人训练攻防组合

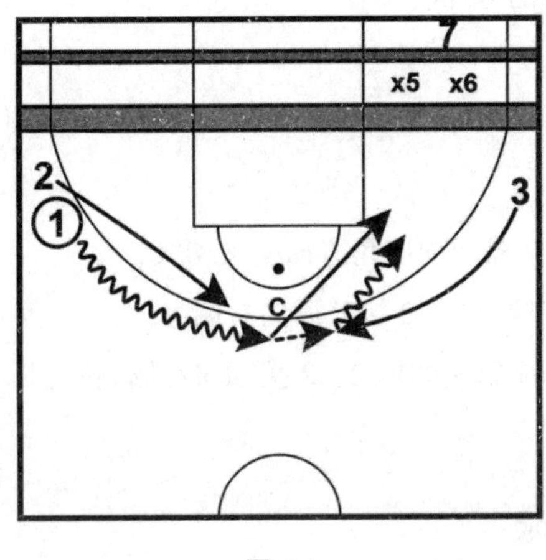

图 6-4

1. 组织方法

1 运球向弧顶准备传球给上切的 3，2 跟随 1 移动；

1 传球后绕过教练员变为防守队员 X1，2 跟进与 3 配合二打一；

当第一组投球时第二组开始发动运球，见图 6-4。

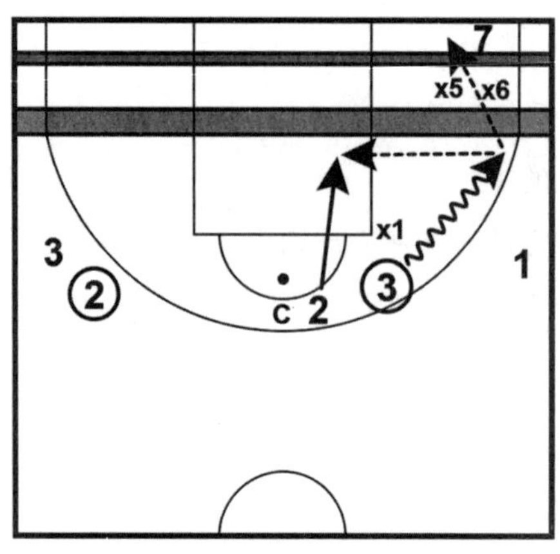

图 6-5

3 向右侧底角运球突破投球或分球给 2；

2 从中路跟进准备接 3 的分球；

X1 全力防守 2 和 3；

投球后，防守队员 1 到右侧，进攻队员 2 和 3 到左侧，见图 6-5。

2. 练习变化

3 接球后向左侧突破，2 滞后向底角方向交叉切入；

3 向左侧运球手递手传球给 2，2 接球后向右侧突破；

3 向左侧突破，积极回敲给包切的 2，2 接球向右侧突破；

左侧练习如同右侧。

五、交叉运球突破

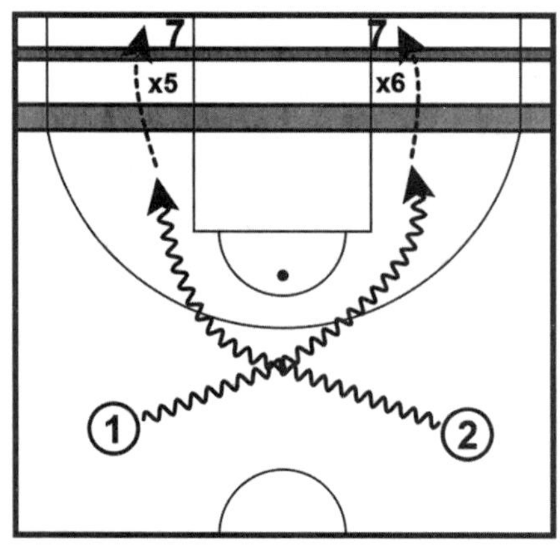

图 6-6

1. 组织方法

1 向右侧运球突破投球；

2 向左侧运球突破投球；

1 接 7 递交球到 2 后面排队，2 接 7 递交球到 1 后面排队，见图 6-6。

2. 练习变化

不断提升运球速度；

选择不同的投球点及不同的投球方式。

六、连续交叉运球突破

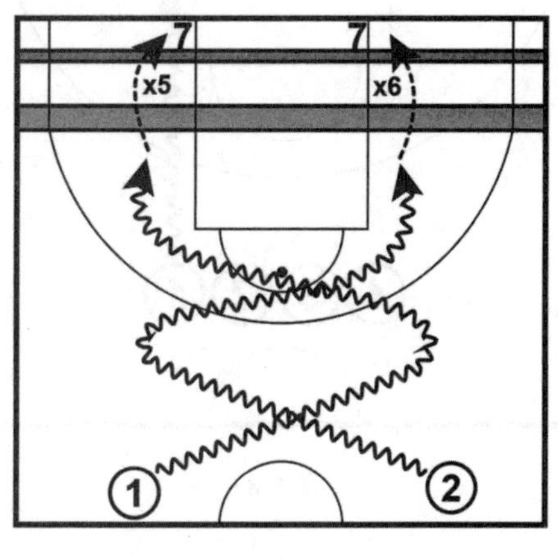

图 6-7

1. 组织方法

1 向右侧运球蛇形移动，从弧顶绕过至左侧进攻终结区投球；

2 向右侧运球蛇形移动，从弧顶绕过至右侧进攻终结区投球；

1 接 7 递交球到 2 后面排队，2 接 7 递交球到 1 后面排队，见图 6-7。

2. 练习变化

变向时采用不同运球突破技术；

不断提升运球的速度。

第二节　投球类

一、突破投球

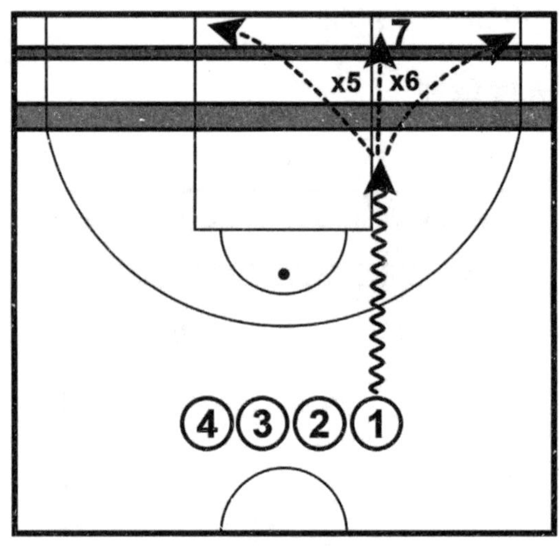

图 6-8

1. 组织方法

一排横队位于弧顶上方，时刻关注队友训练情况，从中学习；

1 在右侧面对侧内边线直线运球突破，到进攻终结区投球；

1 接 7 的递交球到 4 后面排队；

两名抄网队员轮换抄网，见图 6-8。

2. 练习变化

1 不断改变投球方式；

左侧练习如同右侧。

二、五点投球

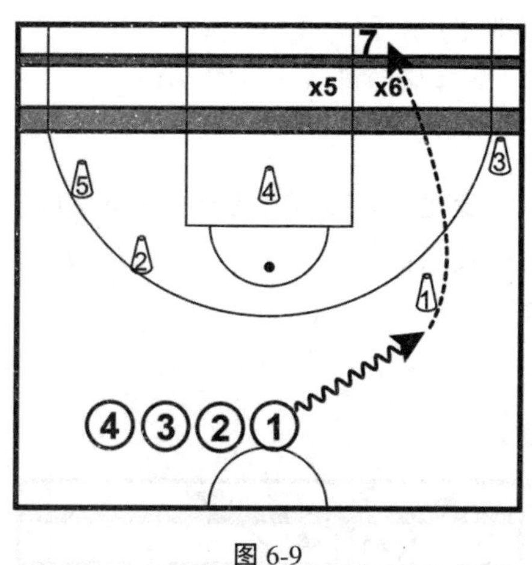

图 6-9

1. 组织方法

1 带领全队每个点完成 12 次成功投球换下一个点；

1 投球后接 7 递交球到上线 4 后面排队；

两名抄网队员轮换抄网，见图 6-9。

2. 练习变化

全队队员模仿 1 的运球突破技术和投篮选择；

不能重复前面队员的投球点和突破技术，全队完成 30 次成功投球。

从右至左，从上至下，依次打点投球，每个点均进行运球突破，即最后一点投球前进行 5 次运球突破，5 个点连续投中方为完成一组练习。

三、突破底角投球

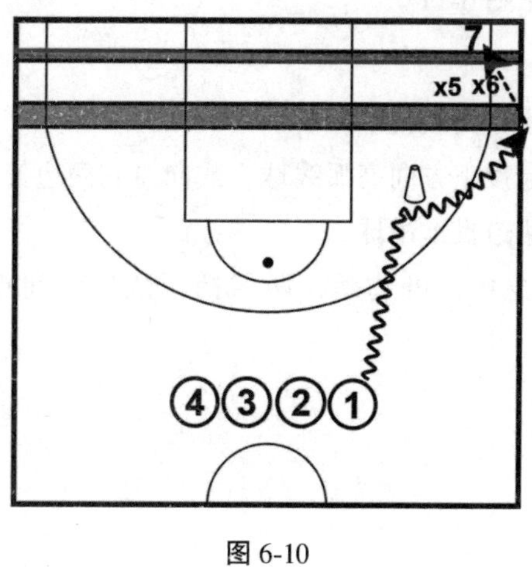

图 6-10

1. 组织方法

横队排列，1 在右侧翼下方变向，然后加速向外弹出投球，可以选择投近端击地球、中端平吊击地球或远端吊击地球；

1 投球后接 7 的递交球，到 4 后面排队，见图 6-10。

2. 练习变化

在雪糕筒处做突破技术的变化，运用体前变向、胯下变向、后转身、背后运球、山姆高德、单手内—外运球等突破技术；

球场左侧练习如同右侧。

四、中路变向

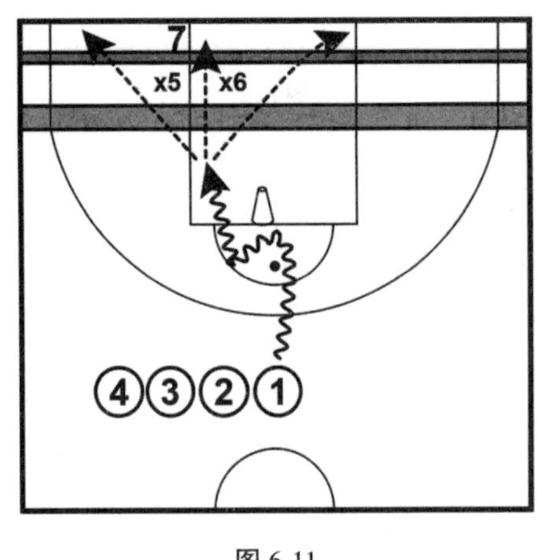

图 6-11

1. 组织方法

一列横队，依次突破，1 突破后接抄网队员 7 的递交球，然后到 4 后面排队；两名抄网队员依次抄网递交球，见图 6-11。

2. 练习变化

在雪糕筒处应用多种运球突破技术；

在进攻终结区直接跳起投正方向高弧线球，或向左右两边投击地球；

在进攻终结区急停向两边投远吊球；

在端线处跳起投球或急停，可选择在两名挡板队员中间投击地球，或向左右两端远投。

五、两次变向投球

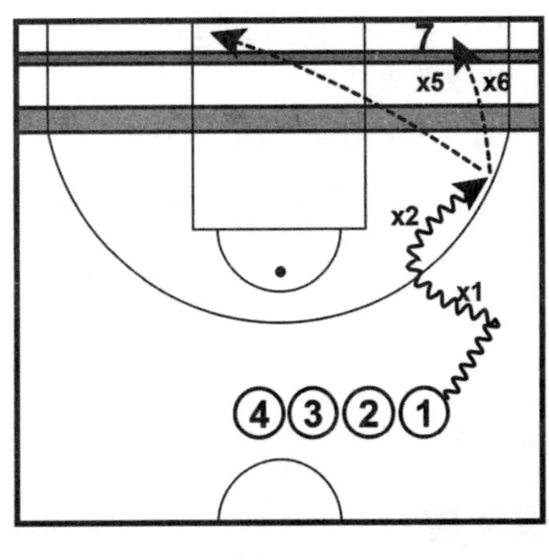

图 6-12

1. 组织方法

横队排列，1 运球突破 X1 和 X2 两名防守队员，然后投球；

X1 和 X2 防守 3 轮练习后与两名进攻队员交换攻防，图 6-12。

2. 练习变化

随机使用突破技术，首选投难度更大的 2 分球；

X1 和 X2 防守强度慢慢提升，面对不同队员采用不同的防守方式；

左侧练习如同右侧。

六、突破分球接球投球

图 6-13

1. 组织方法

1 向左侧拐角运球突破，遇到封堵跳步急停；

4 见 1 运球而来，向右侧移动绕过右侧内边线折回；

4 接 1 的球投球，1 接 C 的球投球；

挡板队员首选防守 4 的投球，然后快速回防 1 的投球。

4 接 7 的递交球到 3 后面排队，1 在左侧外角等待，C 接 7 的递交球准备传球给 2，见图 6-13。

2. 练习变化

右侧配合如同左侧；

1 直接投球，C 选择传球给 4。

七、传球切入运球突破

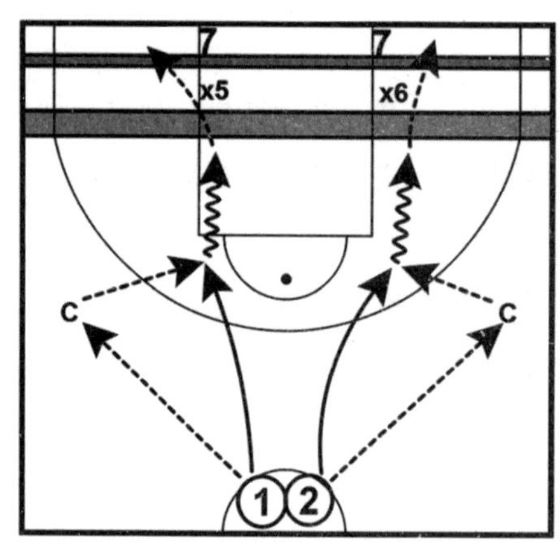

图 6-14

1. 组织方法

1 向左侧翼传球，然后向左拐角处切入；

1 在拐角接球后继续向端线运球突破，寻找机会投球；

2 在右侧亦是如此；

1 接 7 的递交球到 2 后面排队，2 接 7 的递交球到 1 后面排队，见图 6-14。

2. 练习变化

1 与 2 传球后交叉切入；

在拐角附近变速变向。

八、突破分球

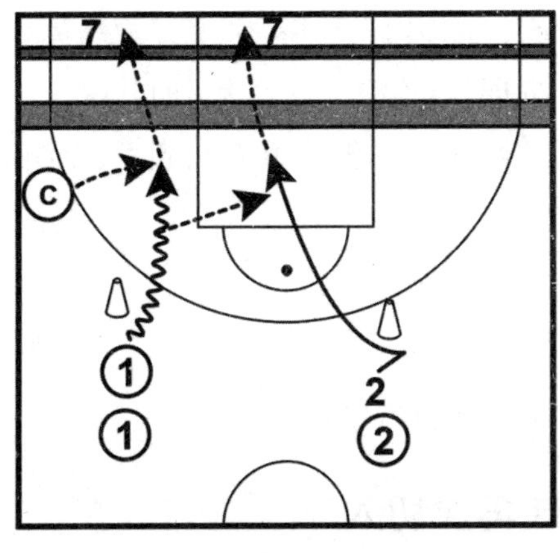

图 6-15

1. 组织方法

1 全力运球突破到水区端线，途中分球给右侧的 2；

2 摆脱切入向中路，在罚球点下接 1 的传球立即投球；

1 传球后接 C 的传球投球，见图 6-15。

2. 练习变化

1 突到端线向后传球给 2；

1 突破后直接投球，C 传球给 2。

第三节　突破分球类

一、连续突破传球

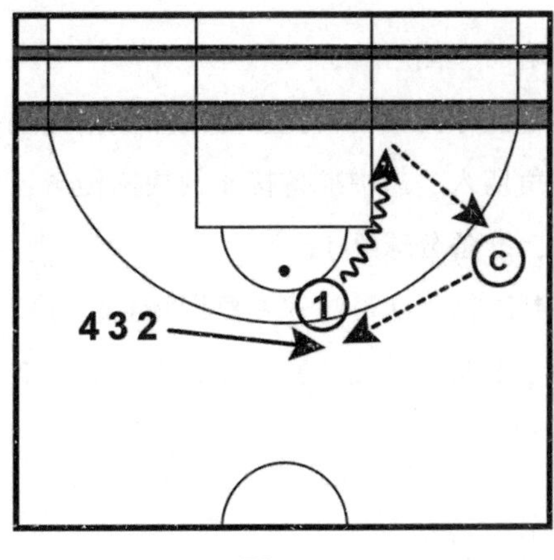

图 6-16

1. 组织方法

1 持球向右侧运球突破，在右侧拐角下面急停分球给教练员 C；

2 观察到 1 开始运球突破，立即向弧顶移动准备接教练员 C 的传球；

C 观察 2 向弧顶移动，立即传球给 2，然后接 1 的分球；

全队连续突破分球，C 连续分球接球，1 传球后到 4 后面排队，见图 6-16。

2. 练习变化

后卫队员代替 C 传球；

左侧练习如同右侧；

应用各种急停、各种传球技术进行组合。

二、突破向后传球再次切入

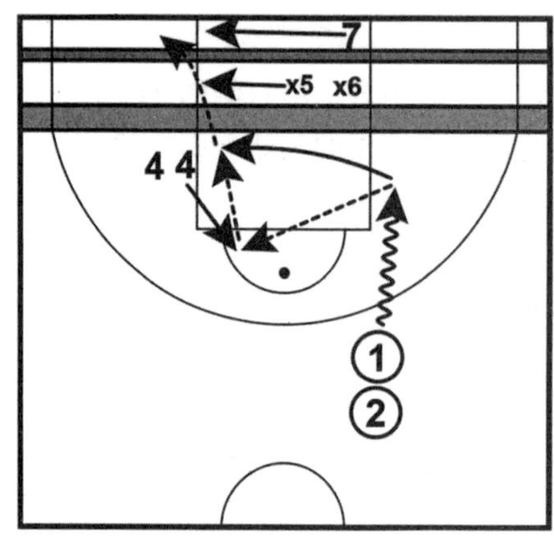

图 6-17

1. 组织方法

1 向右侧运球突破，遇堵向左侧后传；

4 见 1 向右侧运球突破过篮球罚球线后就立即向左侧拐角上提，准备接 1 的分球；

1 分球后立即向左侧内角切入，途中准备接 4 的快速传球；

4 接球后立即面对端线，准备分球给 1；

1 接球向左投吊球，或判断挡板队员防守左侧即将到位，就向右投球；

两名 4 在下线左侧轮转，1 投球后接 7 递交球到上线右侧 2 后面排队，见图 6-17。

2. 练习变化

左侧练习如同右侧；

4 接球有机会优先选择投 2 分球。

三、突破—包切

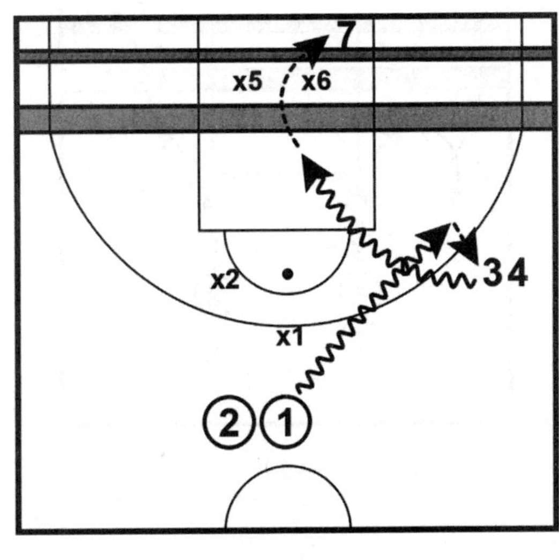

图 6-18

1. 组织方法

1 向右侧运球推进；

X1 在弧顶开始防守 1，在右侧侧翼时强力堵截；

1 在右侧侧翼跳步急停，积极回敲球；

3 围绕 1 包切，接球后立即向中路运球突破，在中路端线处投球；

X1 防守完 1 后继续防守 3；

X1 防守完到 X2 后面排队，1 传球后到右侧 4 后面排队，3 进攻完到上弧线 2 后面排队，见图 6-18。

2. 练习变化

左侧练习如同右侧；

投球时可以采用多种脚步；

防守队员不断提升防守强度。

四、突破反跑投球

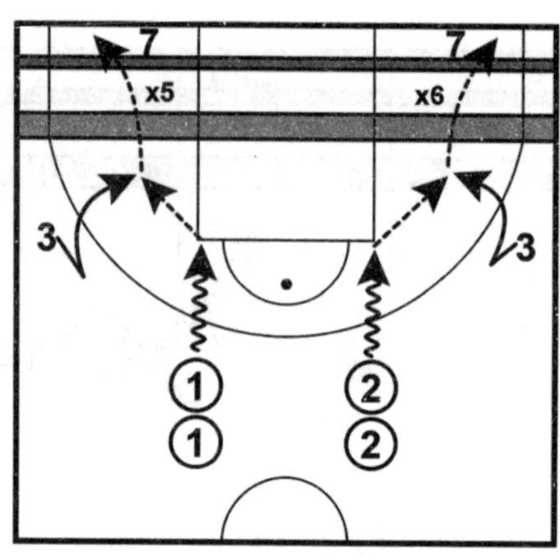

图 6-19

1. 组织方法

1 运球突破，在左侧拐角急停；

3 向上两步为假，反跑向左侧外角为真，接 1 的分球；

3 接球后向左侧投球；

1 传完球变为 3，3 投球后接 7 的递交球变为 1；

右侧跑动亦是如此，见图 6-19。

2. 练习变化

1 向右侧拐角运球突破，2 向左侧拐角运球突破；

采用不同的方式进行投球。

五、中路掩护

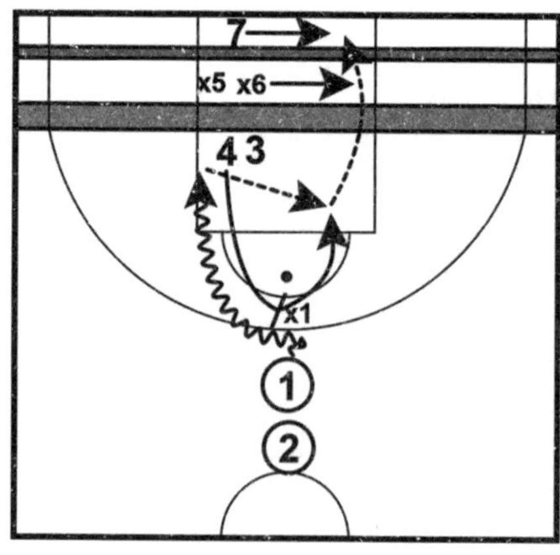

图 6-20

1. 组织方法

1 在弧顶持球，X1 防守，4 在左侧内角；

1 和 4 对视沟通，4 上提为 1 建立后掩护；

1 利用 4 的后掩护向端线突破，在端线处急停，准备向后分球给下顺的 4；

4 接 1 的传球直接投球或运球一次投球；

1 分球后到下线 3 后面排队，4 接 7 的递交球到上线 2 后面排队，见图 6-20。

2. 练习变化

4 为 1 建立右侧掩护；

4 建立假掩护，立即向下拆接 1 的传球。

六、突破连续分球

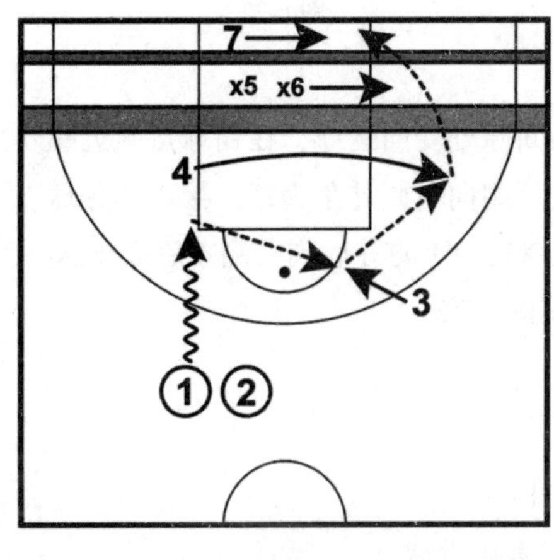

图 6-21

1. 组织方法

1 向左侧拐角运球突破，遇到封堵跳步急停向右后方传球；

4 见 1 迎面运球而来，向右侧移动；

3 见 1 向左侧运球突破，向右侧拐角处跟进准备接传；

3 接 1 的传球后立即向右侧传球给 4；

4 接球后趁挡板队员防守不及时抢投 2 分球；

1 分球后变为 4，4 投球后变为 3，3 传球后接 7 的递交球到 2 后排队，见图 6-21

2. 练习变化

右侧练习如同左侧；

1 运球突破可以直接投球，3 接球后亦可直接投球；

1 运球突破可直接传球给 4。

七、突破罚球点分球

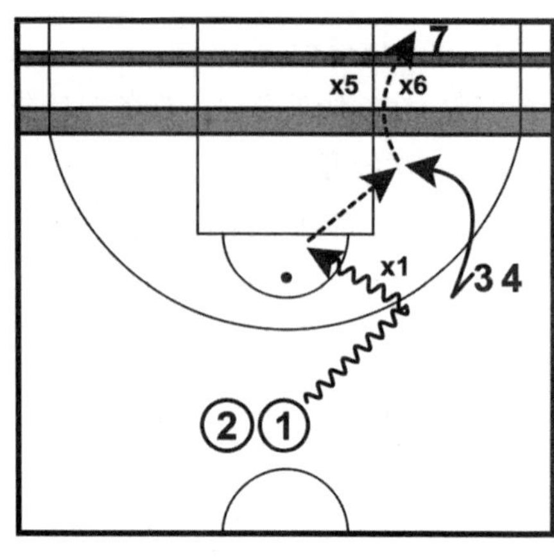

图 6-22

1. 组织方法

1 运球突破在右侧弧顶间隙处变向运球，在罚球点附近跳步急停；

3 向上移动两步为假，反跑向右侧外角为真，接 1 的分球；

1 突破后变为防守队员 X1，X1 防守后到右侧 4 后面排队，3 投球后接抄网队员 7 的递交球到上线 2 后面排队，见图 6-22。

2. 练习变化

左侧练习如同右侧；

X1 的防守强调逐渐提升；

突破队员获得机会可以直接投球。

八、突破假绕切真反跑

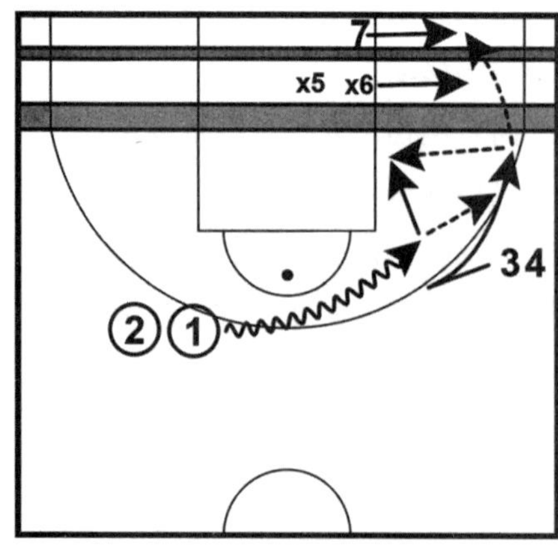

图 6-23

1. 组织方法

1 在左侧向右推进，在右侧翼下方跳步急停；

3 向上包围为假，反跑向底角为真，接 2 的传球直接投球或向左侧分球；

1 传球后向下移动跟进，有机会接 3 的传球投球；

1 分球后到右侧 4 后面排队，3 投球后接 7 的递交球到上线 2 后面排队，见图 6-23。

2. 练习变化

左侧练习如同右侧；

加一名防守队员 X3 防守 3。

九、直线突破向后传球

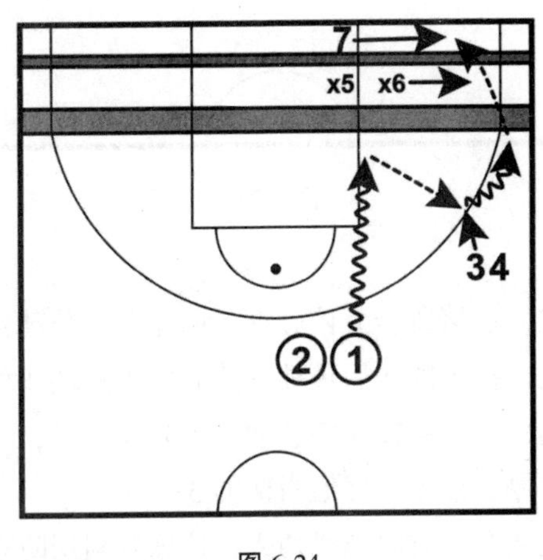

图 6-24

1. 组织方法

1 直线突破，在右侧限制区外角处跳步急停，向后传球给 3；

3 向下切入接 1 的回传球，接球后向右侧运球突破，3 可以选择近端击地投球、近端高抛投球或中距离平吊球；

1 分球后到右侧 4 后面排队，3 投球后接 7 的递交球到上线 2 后面排队，见图 6-24。

2. 练习变化

左侧练习如同右侧；

突破时变化不同的突破技术。

十、两次突破分球

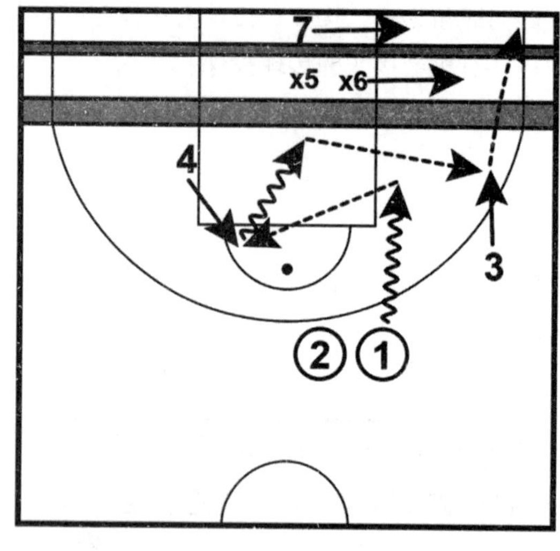

图 6-25

1. 组织方法

1 向右侧拐角下方突破，遇堵跳步急停，准备向左后方分球；

4 上提左侧罚球线附近，接 1 的向后传球，然后向中路端线处突破；

1 传球后立即向左侧内角切，赶在 4 突破前带走防守队员；

4 在中路端线处跳步急停，准备分球给右侧的 3；

3 观察 4 向内突破，就从右侧翼向端线切入，接球后利用防守不及时向右投 2 分球；

1 突破分球后变为 4，4 分球后变为 3，3 投球后接 7 递交球到上线 2 后面排队，见图 6-25。

2. 练习变化

左侧练习如同右侧；

4 采用不同的技术进行突破。突破后直接投球与分球。

十一、左侧突破分右侧

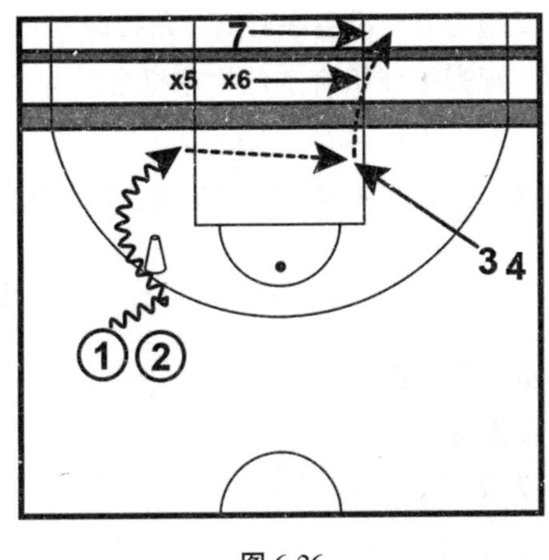

图 6-26

1. 组织方法

1 向右侧运球，面对雪糕筒向左侧变向，然后再向中路变向，吸引挡板队员；

3 在右侧翼观察到 1 向中路变向，就向右侧外角切入，准备接 1 的分球；

3 接球立即投球，首选 2 分球；

1 传球后到右侧 4 后面排队，3 投球后接 7 的递交球到上线 2 后面排队，见图 6-26。

2. 练习变化

右侧突破亦可；

1 突破后直接投球。

十二、突破—反跑—传球

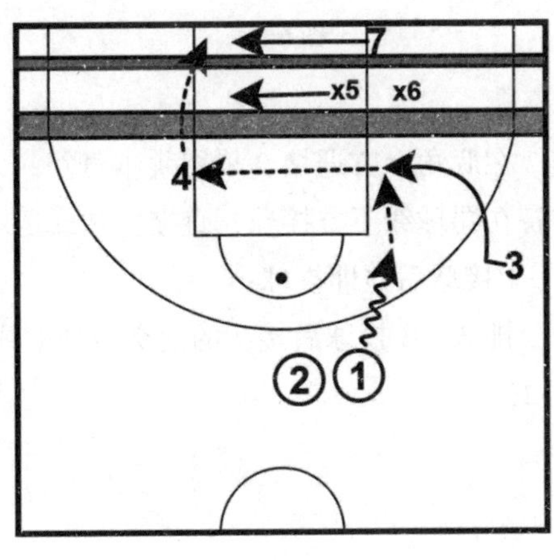

图 6-27

1. 组织方法

1 向右侧运球突破，准备传球给反跑的 3；

3 上提两步为假，向下反跑为真，准备在右侧外角接球；

3 切出空位接 1 的传球，观察传球给有空位投球机会的 4，觉察到没有机会传球就选择直接投球；

1 传球后变为 3，3 传球后变为 4，4 投球后接 7 递交球到上线 2 后面排队，见图 6-27。

2. 练习变化

左侧练习如同右侧；

1 不断变化传球方式丰富进攻手段；

3 阅读防守，有机会直接投球；

4 与 7 有配合性的变化投球方式。

十三、交叉切入投球

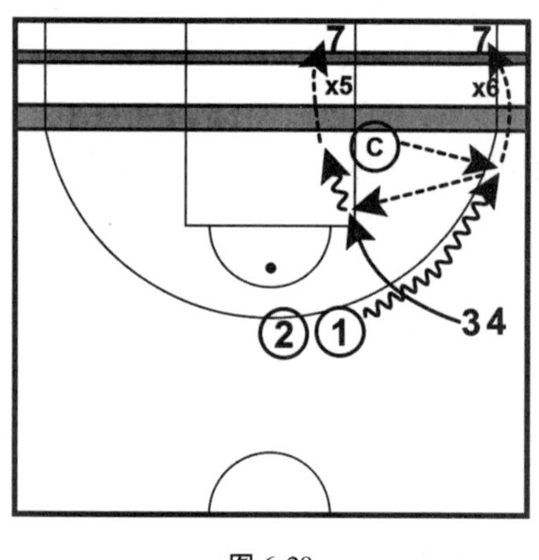

图 6-28

1. 组织方法

1 向右侧底角运球突破，在底角上方遇堵，采用跳步急停；

3 跟随 1 交叉切入，准备在罚球线下方接球，直接投球或运球一次投球；

C 传球给刚刚分球的 1，1 接球后立即投球；

1 投球到上线右侧 4 后面排队；3 投球后接 7 的递交球到上线左侧 2 后面排队；C 接 7 的球准备再次传球，见图 6-28。

2. 练习变化

左侧练习如同右侧；

1 突破后直接投球，C 传球给 3。

十四、包切分球接球投球

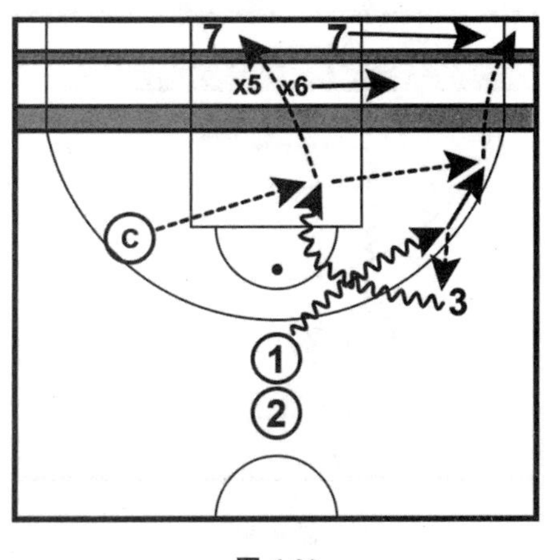

图 6-29

1. 组织方法

1 向右侧翼运球推进，在侧翼下方积极回敲传球给 3；

3 围绕 1 包切，移动中接球立即向中路运球突破，途中准备分球给右侧的 1；

1 分球后向右侧底角移动，准备接 3 的分球投球；

C 传球给分球后的 3；

3 接球后立即投球；

挡板队员先防守 1 的投球，然后再防守 3 的投球；

1 投球后变为 3，3 投球后接 7 的递交球到上线 2 后面排队，C 接 7 的递交球继续传球；见图 6-29。

2. 练习变化

左侧练习如同右侧；

3 突破后直接投球，C 在篮球罚球线传球给 1。

十五、中锋绕切接球

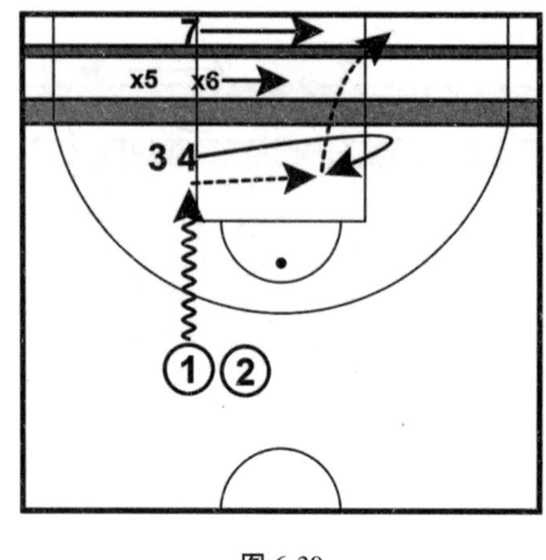

图 6-30

1. 组织方法

1 直线突破，在左侧罚球线下方附近急停，投球或分球；

4 见 1 运球而来，向右侧外角移动，然后绕回接球；

4 接球后向右侧投球；

1 突破分球后接 7 的递交球到上线 2 后面排队，4 投球后到左侧 3 后面排队，见图 6-30。

2. 练习变化

右侧练习如同左侧；

1 突破后可以采取多种方式急停及传球，亦可直接投球。

十六、内线绕切

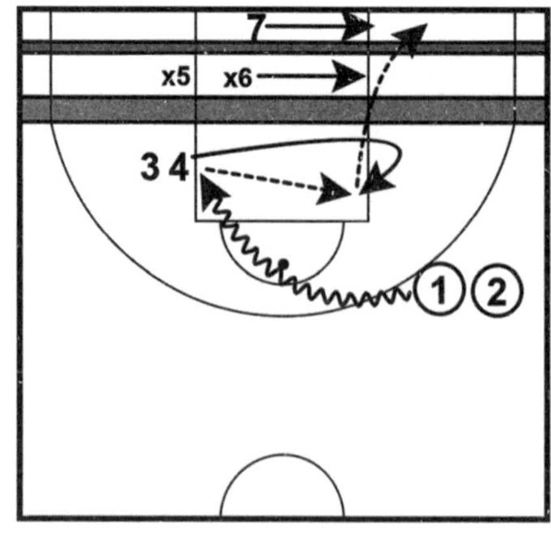

图 6-31

1. 组织方法

1 从右侧翼运球突破向左侧内角；

4 见 1 运球而来，沿端线向右侧移动，过右内边线立即绕回接球；

1 在左侧内角处跳步急停，阅读防守首选投球，亦可分球给 4；

4 绕回接球及时利用防守未稳投击地 2 分球；

1 分球后到左侧底线 3 后面排队，4 投球后接 7 递交球到上线 2 后面排队，见图 6-31。

2. 练习变化

左侧突破练习如同右侧；

4 采用迂回绕切、转身卡位、急停急起等方式绕回接球。

十七、推进包切—突破绕切

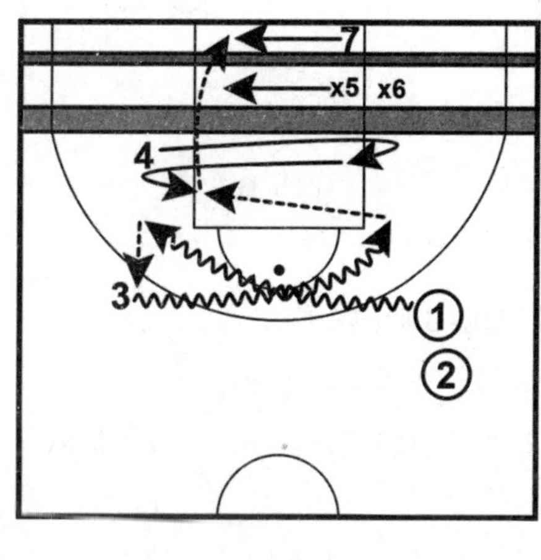

图 6-32

1. 组织方法

1 向左推进在左侧翼下方急停，积极回敲球给 3；

3 围绕 1 包切，移动中接球向右侧突破；

4 见 1 向左突破，就向右侧移动，见 3 接球向右运球推进，就立即向左侧折返，过左侧边线向中路折回接 3 的分球；

3 在右侧拐角附近跳步急停，分球给绕回的 4；

4 接球并观察挡板队员位置，回防不及时就向左侧投击地 2 分球，回防到位就向右侧投球；

1 突破分球后变为 3，3 突破分球后变为 4，4 投球后接 7 递交球到上线右侧 2 后面排队，见图 6-32。

2. 练习变化

左侧发动如同右侧发动；

4 在左右折返时灵活变化接球方式。

十八、传球交叉切入

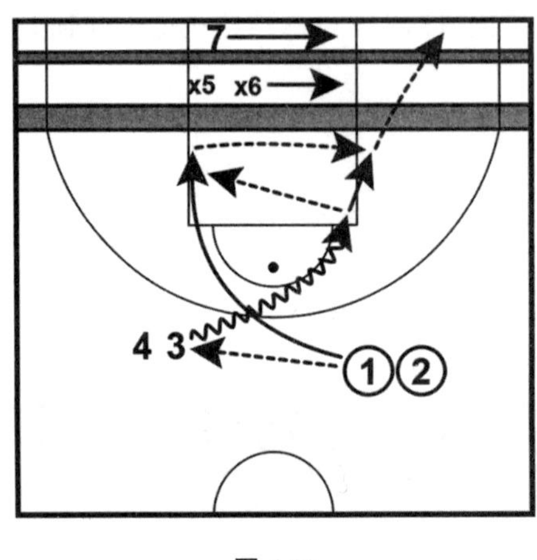

图 6-33

1. 组织方法

1 传球给左侧的 3，然后跟随 3 后向左侧交叉切入；

3 接球立即向右侧运球突破，在拐角处传球给 1；

1 接球后和 7 配合吸引挡板队员向左侧移动，一旦挡板队员移动立即回传球给 3；

3 接球向右投球；

1 投球后到上线左侧 4 后面排队，3 投球后接 7 的递交球到上线右侧 2 后面排队，见图 6-33。

2. 练习变化

左侧传球发动亦可；

1 接球可以跳起传球、跳步急停回传球及向后传球等。

第四节　切入类

一、远传变向摆脱

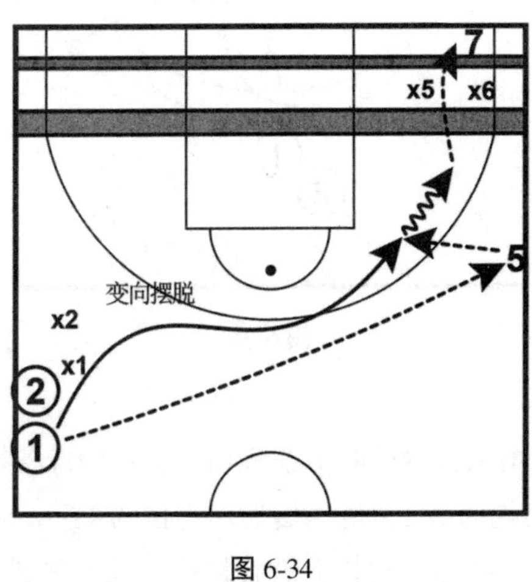

图 6-34

1. 组织方法

两人一组，X1 防守 1，X2 防守 2。

1 传球给 5，然后摆脱 X1 的防守，准备在右侧接球；

5 回传球给跑出空位的 1；

1 接球后直接投球或运球一次投球；

1 投球后接 7 的递交球到左侧 2 后面排队；

X1 到 X2 后排队，见图 6-34。

2. 练习变化

向左侧传球切入练习如同右侧；

X1 不断提升防守强度和策略。

二、传切配合

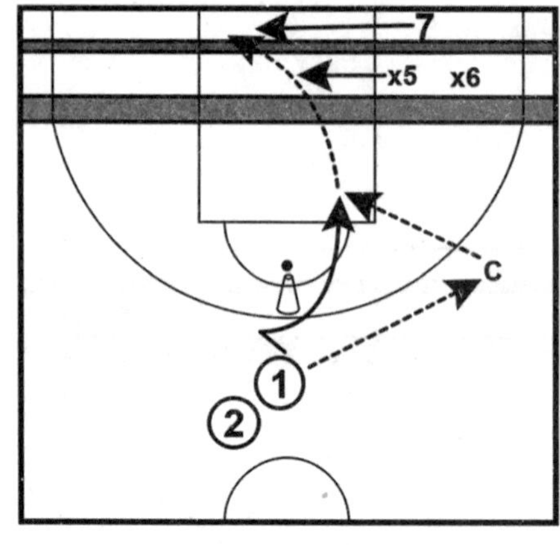

图 6-35

1. 组织方法

1 在弧顶传球给右侧翼的 C，然后向下摆脱切入，途中准备接球；

C 在右侧翼接球，观察跑动的 1，传球给切出空位的 1；

1 在篮球罚球线下方附近接球，有机会就直接中投或突破到内线投球；

1 投球后接 7 的递交球到 2 后面排队，见图 6-35。

2. 练习变化

左侧传切练习如同右侧；

1 切入采用多种摆脱切入。

三、两路端线绕切

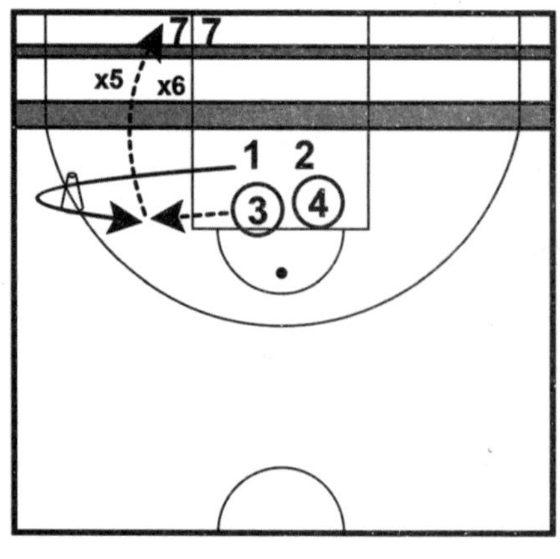

图 6-36

1. 组织方法

1 绕过左侧雪糕筒，快速返回，准备接球；

3 传球给绕回的 1；

1 接球后选择直接投球或运球突破投球；

3 传完球到 2 后面排队，1 投球后接 7 的递交球到 4 后面排队；

右侧翼亦是如此，见图 6-36。

2. 练习变化

持球队员在弧顶传球；

变换雪糕筒的位置。

四、传球绕切

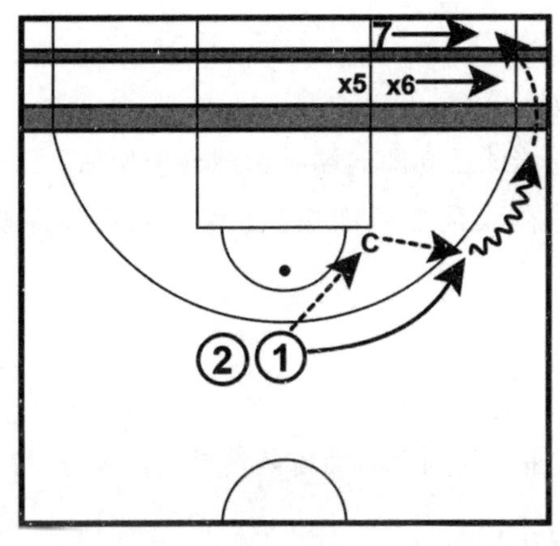

图 6-37

1. 组织方法

1 传球给在右侧拐角的教练员 C，然后向右侧翼切；

C 接 1 的传球，然后传球给到右侧翼的 1；

1 接 C 的传球，向底角运球突破投球；

1 投球后接 7 的递交球到上线 2 后面排队，见图 6-37。

2. 练习变化

左侧练习如同右侧；

1 向中路切入接 C 的传球。

五、拐角接球突破

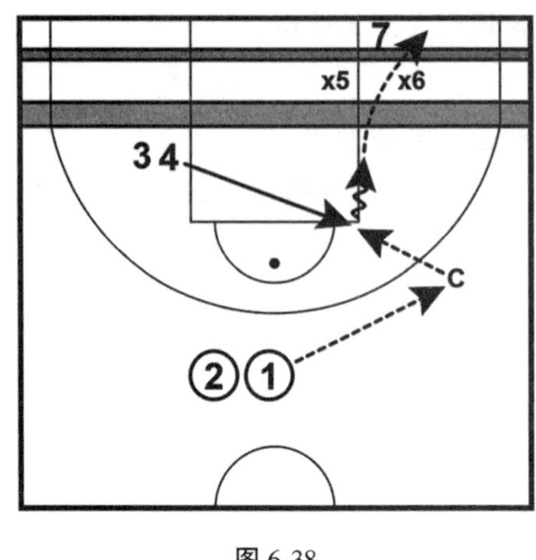

图 6-38

1. 组织方法

1 传球给在右侧翼的教练员 C；

4 上提右侧拐角接 C 的传球后立即向端线运球突破投球；

1 传球后接 7 的递交球在弧顶 2 后面排队，4 突破后在左侧外角 3 后面排队，见图 6-38。

2. 练习变化

左侧练习如同右侧；

1 替代 C，传球后接 7 递交球到 2 后面排队传球，2 移动到右侧变为 1。

六、拐角策应—切入

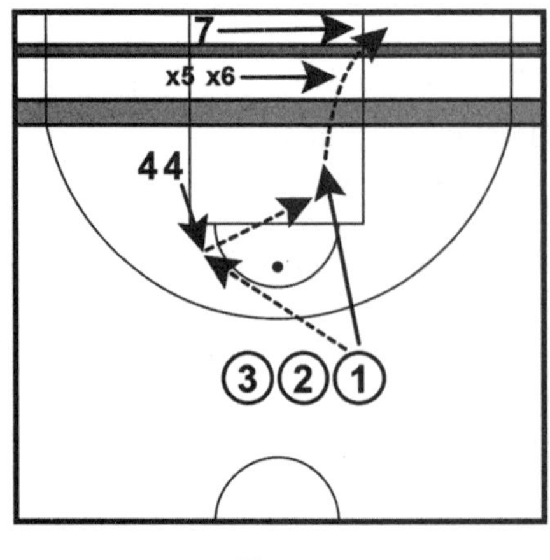

图 6-39

1. 组织方法

1 传球给上提到左侧拐角的 4，然后从中路向下切入；

4 上提到左侧拐角，做到球到人到，接 1 的传球，然后转身面对端线，准备分球给切入的 1；

1 接到球后直接投球，或运球一次跳步急停投球；

4 策应后仍然到左侧外角排队，两名要位队员依次上提，1 投球后接 7 的递交球，然后回到弧顶 3 后面排队，见图 6-39。

2. 练习变化

右侧练习如同左侧；

1 不断变化投球方式；

4 不断变化传球方法；

在 1 前加一名防守队员。

七、突破交叉切入

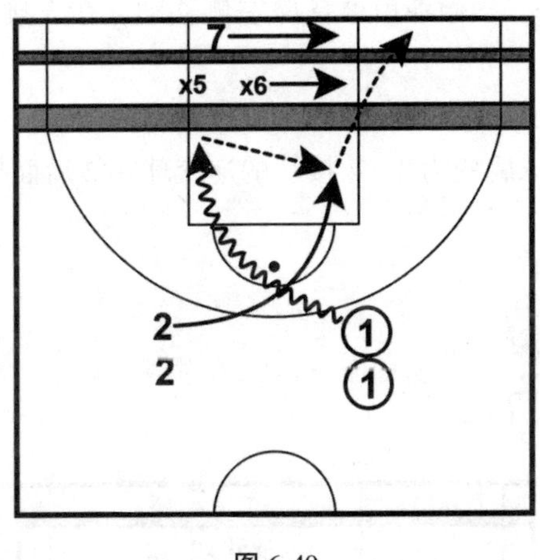

图 6-40

1. 组织方法

1 向左侧运球突破，到左侧内角传球或直接投球；

2 见 1 突破，跟随在 1 身后交叉切入，准备接 1 的回传球；

2 接球后可以选择多种投球方式；

1 传球后变为 2，2 投球后接 7 的递交球变为 1，见图 6-40。

2. 练习变化

左侧持球向右侧突破；

变化突破方式、传球方式和投球方式。

八、包切—绕切

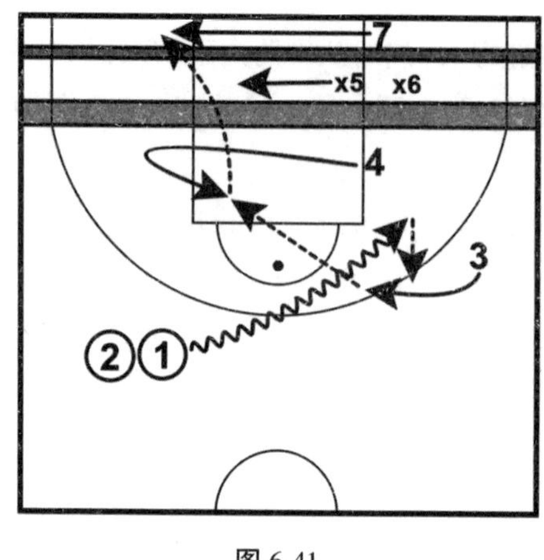

图 6-41

1. 组织方法

1 在左侧向右侧运球推进，在右侧拐角处跳步急停，积极回敲球；

3 包切移动中接球并观察内线；

4 见 1 运球向右侧推进，稍微滞后准备向左侧移动，在 3 接球的同时迅速向上切，准备接 3 的传球；

4 接球有机会就直接投球或向内线运球突破投球；

1 传球后变为 3，3 分球后变为 4，4 接 7 的递交球在 2 后面排队，见图 6-41。

2. 练习变化

左侧练习如同右侧；

4 采用多种投球方式投球。

九、传球反掩护切入

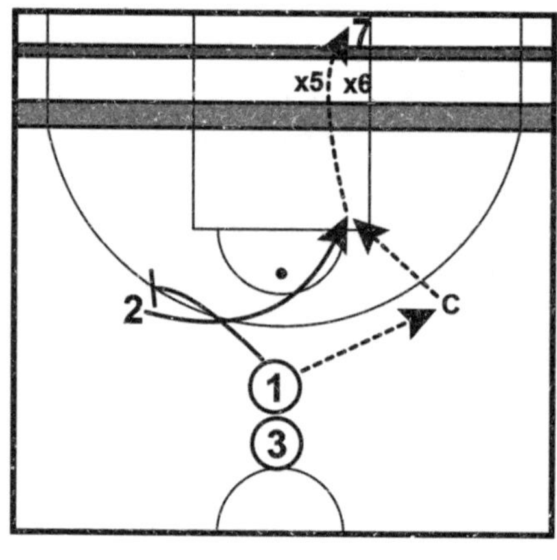

图 6-42

1. 组织方法

1 传球给教练员 C，然后为左侧翼的 2 建立掩护；

2 接受 1 的掩护向右切，准备接 C 的传球；

2 接球直接移动投球，或运球一次跳步急停再投球；

1 掩护后变为 2，2 投球后接 7 的递交球到上线 3 后面排队，见图 6-42。

2. 练习变化

在右侧反掩护练习如同左侧；

1 小掩护后拆下接 C 的传球，2 利用假动作配合 1 下拆。

十、传球切入绕回接球

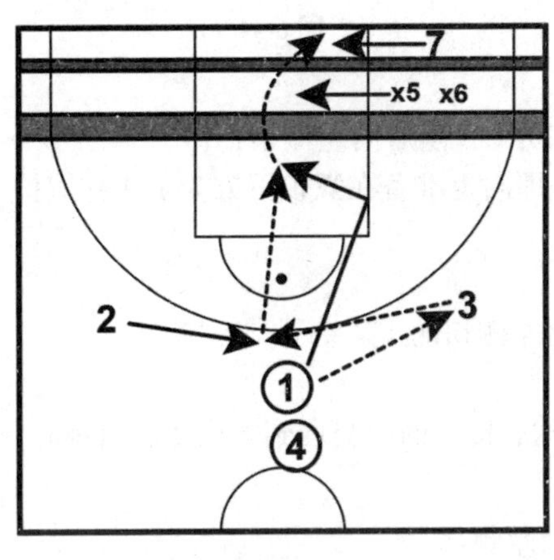

图 6-43

1. 组织方法

1 传球给右侧翼的 3，向端线切入准备接 3 的回传球，过右侧拐角仍然没有机会接球，就向中路移动；

2 见 1 传球给 3 并向下切，立即向弧顶移动准备接球；

2 在弧顶接 3 的传球，立即观察内线，准备传球给 1；

1 接球时观察挡板队员，选择投远端 2 分球或高吊 1 分球；

1 投球后变为 2，2 传球后变为 3，3 传球后接 7 的递交球到上线 4 后面排队，见图 6-43。

2. 练习变化

左右两侧轮换传球发动；

1 尝试多种方法摆动接球，优先接 3 的传球向内运球突破投球。

十一、上提掩护接球分球

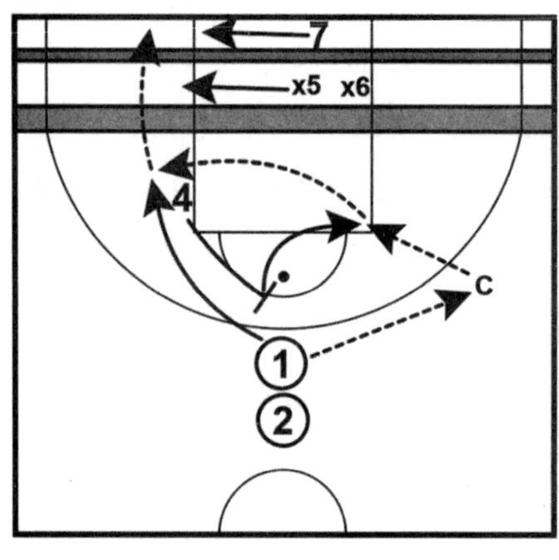

图 6-44

1. 组织方法

1 传球给右侧翼的教练员 C，然后向左侧切；

4 见 1 传球给教练，立即向上准备在弧顶下方为 1 建立掩护，掩护后向右侧拐角转身，准备接 C 的传球；

C 传球给转身的 4；

4 接 C 的传球立即观察左侧切的 1；

1 接球后抢投 2 分球；

1 投球后变为 4，4 分球后接 7 的递交球到上线 2 后面排队，见图 6-44。

2. 练习变化

右侧掩护配合练习如同左侧；

C 直接传球给 1。

十二、交叉切入

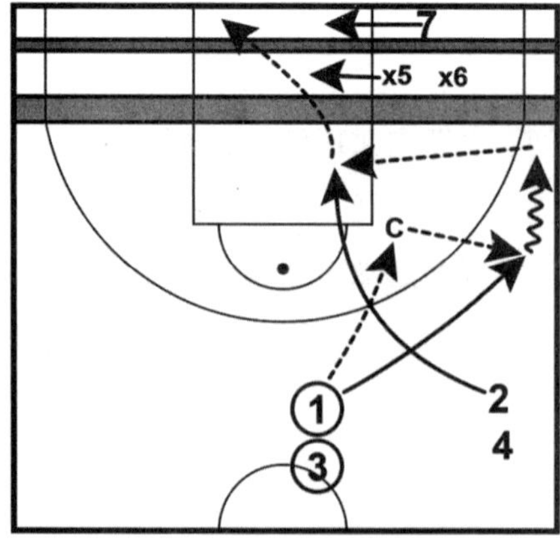

图 6-45

1. 组织方法

1 传球给 C，然后向右侧切入；

2 跟随 1 身后向左切入；

1 在右侧接到球后向底角运球突破，在底角投球或向后分球；

2 接 1 的分球后投球；

1 分球后到上线右侧 4 后面排队，2 投球后接 7 的递交球到上线左侧 3 后面排队，见图 6-45。

2. 练习变化

左侧配合练习如同右侧；

C 可以传球给 2，2 突破后传球给底角的 1。

第五节　实战模拟类

一、四分之一半场二打一

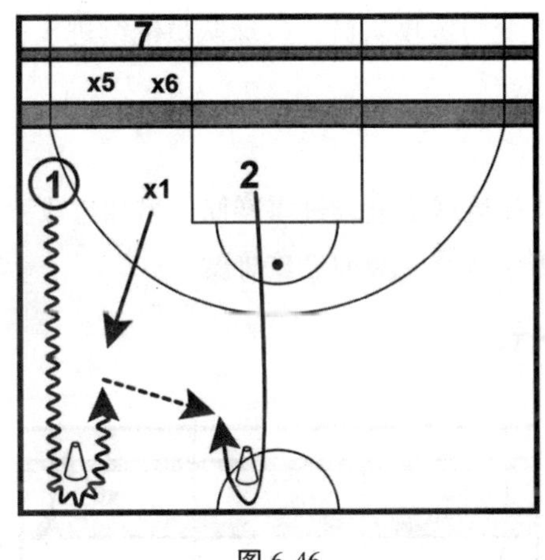

图 6-46

1. 组织方法

1 和 2 为进攻队员，X1 为防守队员，1 和 2 绕过中线附近的雪糕筒，回来二打一，在半场的左半场进攻；

1 持球向前推进，同时 2 和 X1 跟随出发，X1 向上主动防守；

1 和 2 之间传接球，尽量获得 2 分球投球机会，见图 6-46。

2. 练习变化

右侧练习如同左侧；

1 和 2 之间采用传切、突分、交叉切入、掩护等配合。

二、半场三打二

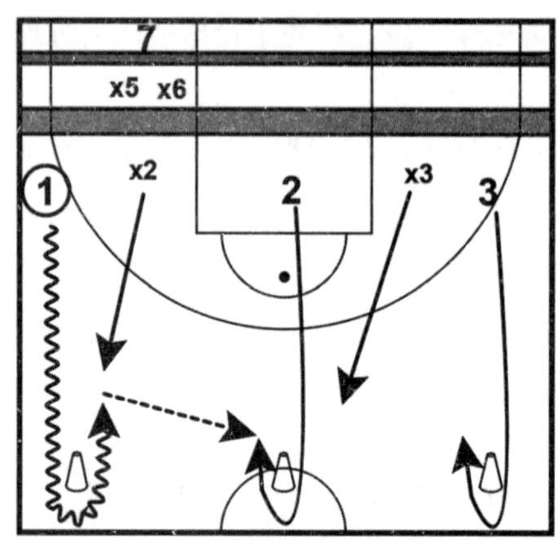

图 6-47

1. 组织方法

三名进攻队员绕过雪糕筒，两名防守队员主动上前防守；

进攻队员运用配合进攻 X2 和 X3 的防守；

攻防完毕后，X2 和 X3 变为进攻队员，投球队员继续进攻，其余两名进攻队员变为防守队员，见图 6-47。

2. 练习变化

进攻队员中随机一名队员运球推进绕过雪糕筒，增加进攻变化；

两名进攻队员，三名防守队员，增加进攻难度。

三、左右两侧一打一

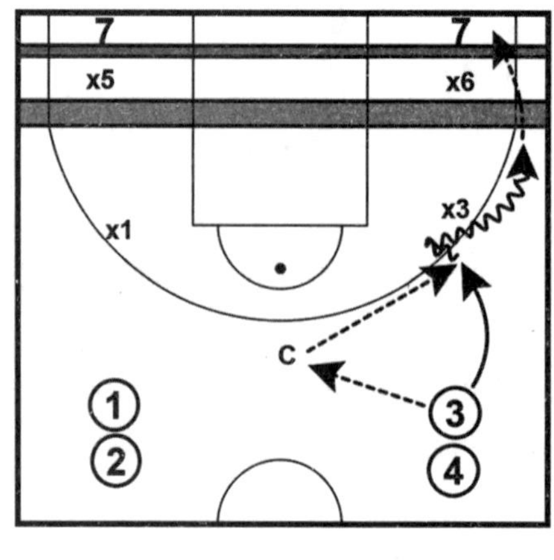

图 6-48

1. 组织方法

3 传球给教练员 C 然后向侧翼移动，抢位准备接 C 的回转球；

3 接球后面对 X3 开始运球突破；

C 传球给 3 球后，转身面向左侧接 1 的传球，1 抢位准备接 C 的回传球；

X3 防守后接 7 的递交球变到右侧 4 后面排队，进攻完的 3 变为 X3，左侧如同右侧轮转练习，见图 6-48。

2. 练习变化

不断限制运球队员的运球次数，3 次、2 次、1 次；

不断提高防守要求，防守成功才能变进攻队员。

四、四分之一场二打二

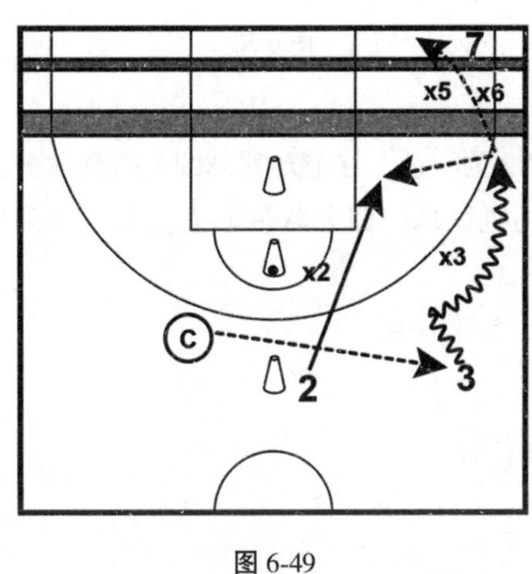

图 6-49

1. 组织方法

限定在半场的右侧内进攻，上线 2 和 3 进攻，下线 X2 和 X3 防守，教练员 C 随机传球给 2 或 3 开始进攻；

每组连续进攻 5 次后，攻防互换，见图 6-49。

2. 练习变化

限定进攻队员的运球次数；

限定进攻时间。

五、抢球二打二

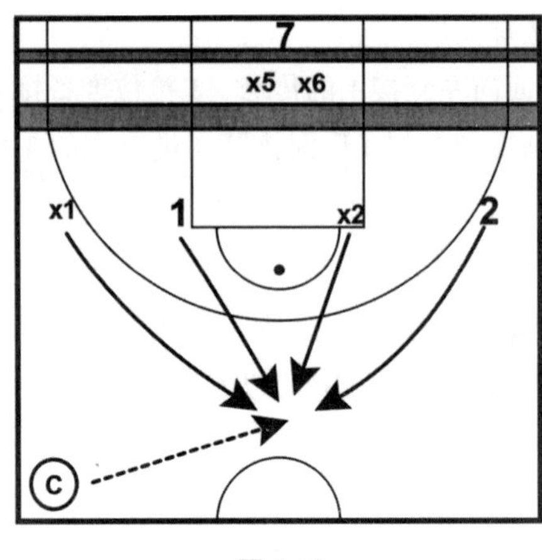

图 6-50

1. 组织方法

1 和 2 为一队，X1 和 X2 为一队，在篮球罚球线一排横队分散落位；

教练员 C 向中圈附近随机抛球，四名队员上去抢球，抢到球的队伍进攻，另外一队防守；

先得 5 分的队伍获胜，见图 6-50。

2. 练习变化

不断变化传球的高度和位置；

增减攻防人数。

六、六分之一场一打一

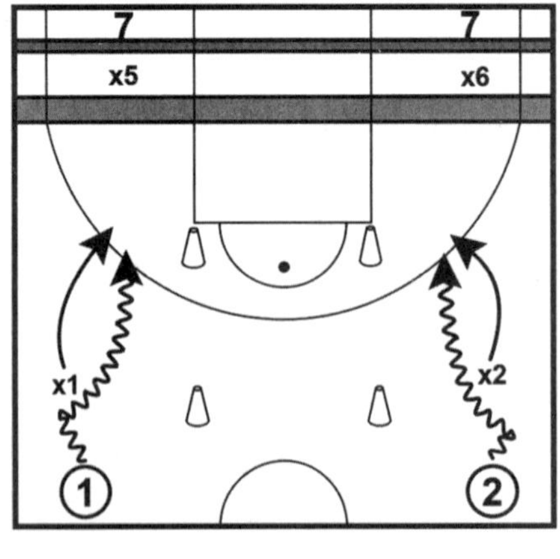

图 6-51

1. 组织方法

在六分之一场内进攻，左右两侧分别 1 对 1，突破后投球；

进攻利用多种变向突破防守；

进攻后攻守互换，见图 6-51。

2. 练习变化

防守强度不断加强；

进攻成功连续进攻。

七、两路传接球突破

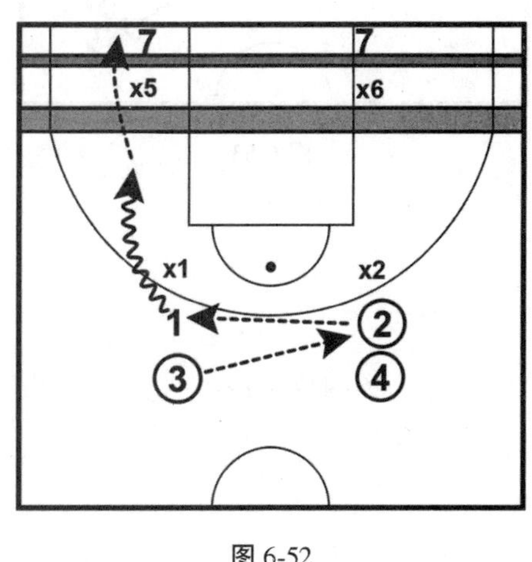

图 6-52

1. 组织方法

1 接 2 的传球，然后突破 X1 的防守投球；

2 接 3 的传球，然后突破 X2 的防守投球；

1 接 7 的递交球到 4 后面排队，2 接 7 的递交球到 3 后面排队，X1 和 X2 防守一轮后轮换成进攻队员，见图 6-52。

2. 练习变化

不断提升防守强度；

防守成功时，防守队员与投球队员互换角色。

八、六分之一场一打二

图 6-53

1. 组织方法

C 传球给上方的 1；

1 接球后准备一打二；

X1 和 X2 上去防守，在六分之一场内攻防；

三人之间不断轮换攻防，见图 6-53。

2. 练习变化

教练员随机传球给一人，然后 1 打 2；

进攻成功的队员继续进攻。

九、全场二打二循环练习

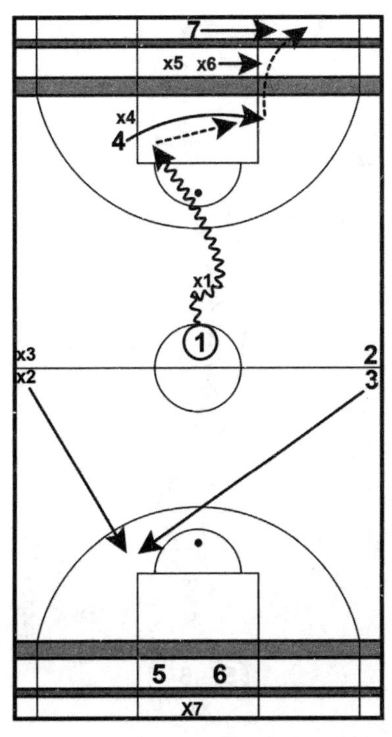

图 6-54

1. 组织方法

1 运球推进进攻，过中场线与 4 进行配合进攻 X1 和 X4 的防守；

X2 和 3 见 1 和 X1 过中场线，到下半场地中准备后面的攻防；

上半场地中进攻完毕，X4 运球进攻，4 变为防守队员，向下半场进攻；

下半场中 X2 和 X4 进攻，4 和 3 防守，1 到右侧 2 后面排队，X1 到左侧 X3 后面排队，如此循环，见图 6-54。

2. 练习变化

变为 3 打 3，四人两对攻防队员分别在上下半场准备；

后场不留队员，攻防队员过中圈后，跟随其后先到中圈，再参与攻防。

十、全场累加进攻

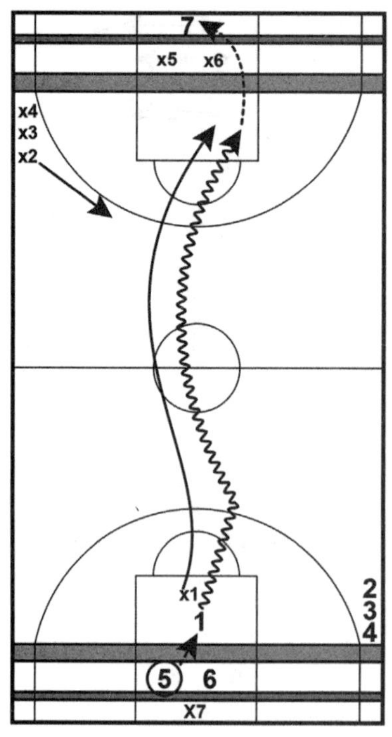

图 6-55

1. 组织方法

1 进攻，X1 防守，全场攻防对抗；

进攻完，1 变为防守，X1 变进攻，X2 参与进攻，全场 2 打 1；

二打一完毕，2 参与进攻，1 和 2 进攻，X1 和 X2 防守；

如此循环增加攻防人数，直至形成四打四，见图 6-55。

2. 练习变化

四名队员每人带队进攻一轮；

投中 2 分球直接获胜。

第六节　快攻类

一、全场一打一

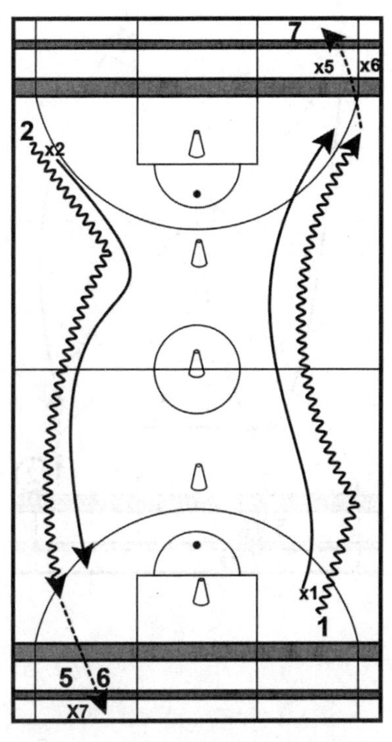

图 6-56

1. 组织方法

1 进攻，X1 防守，在右侧半场进行全场攻防；

攻防完毕后，X1 变进攻，1 变防守，到左侧纵向半场进行全场攻防；

2 和 X2 在左侧半场全场攻防，见图 6-56。

2. 练习变化

左右两侧对调，进攻轮转变为顺时针方向；

抢断成功，攻防互换角色。

二、全场传切配合

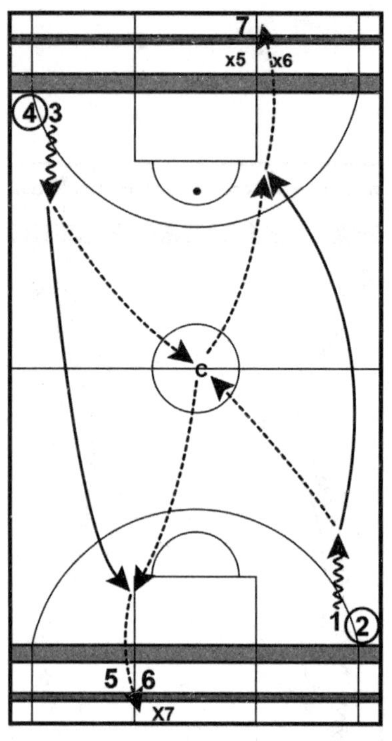

图 6-57

1. 组织方法

1 从右侧底角运一次球传球给中圈的 C，然后沿边切下；

C 接球后转身向右侧翼传出具有提前量的球；

1 接球后运一次球或直接投球；

1 投球后接 7 的递交球到 4 后面排队；

C 传球后转身接 3 的传球，左右两侧如此不断循环，见图 6-57。

2. 练习变化

1 直接传球给 C；

1 接球后选择不同的突破技术及投球方式。

三、四边形传接球

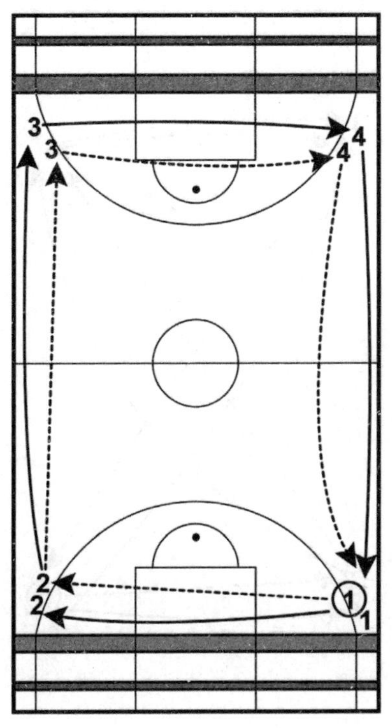

图 6-58

1. 组织方法

1 传球给 2，然后跑到 2 的队尾；

2 传球给 3，然后跑到 3 的队尾；

3 传球给 4，然后跑到 4 的队尾；

4 传球给 1，然后跑到 1 的队尾，如此循环，见图 6-58。

2. 练习变化

逆时针传接球；

增加到两个球进行传接球。

四、交叉四角传接球

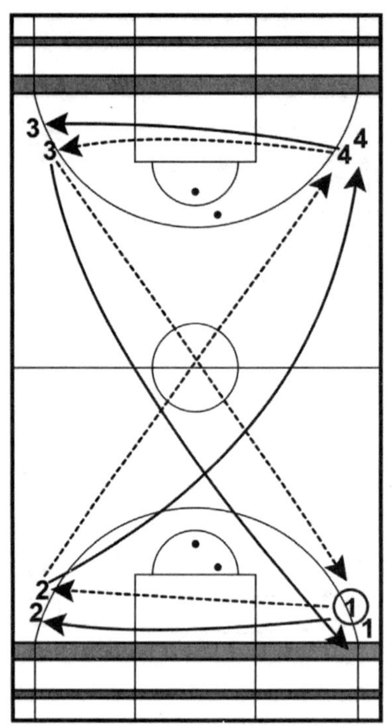

图 6-59

1. 组织方法

1 传球给 2，然后跑到 2 的队尾；

2 传球给对角 4，然后跑到 4 的队尾；

4 传球给 3，然后跑到 3 的队尾；

3 传球给对角 1，然后跑到 1 的队尾，如此循环，见图 6-59。

2. 练习变化

3 发动传球给 4，转变练习方向；

增加到两个球进行传接球；

五、全场三传三切

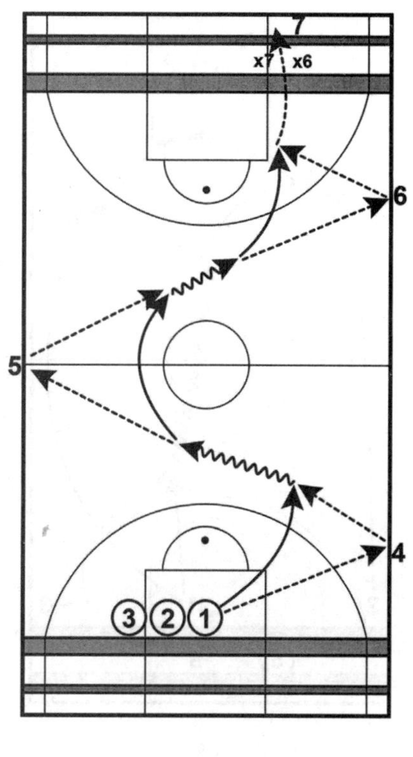

图 6-60

1. 组织方法

1 传球给 C，然后以弧顶为圆心绕切接回传球，通常采用碎步调整跨步急停接球；

1 接 C 的传球向 3 运球推进，间距 4 米左右传球给 3，然后以中圈为圆心绕切接回传球；

1 接 3 回传球向 4 运球推进，间距 4 米左右传球给 4，然后以下弧顶为圆心绕切接回传球后投球，见图 6-60。

2. 练习变化

接球后使用交叉步突破、后转身突破、胯下运球突破、背后运球突破等；

传球队员和抄网队员到对侧，投球队员左手投球。

六、三人推进快攻

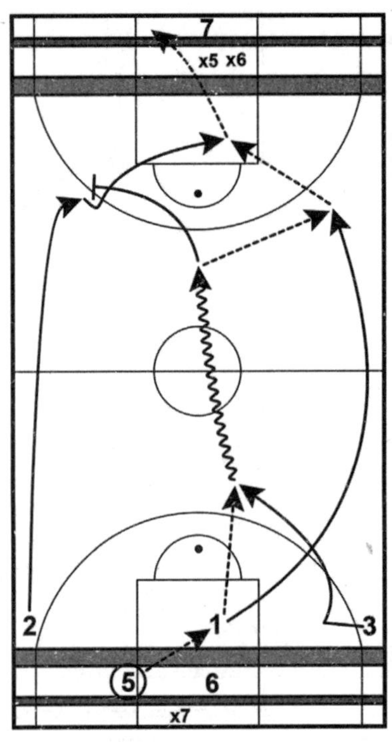

图 6-61

1. 组织方法

1 接 5 的传球立即传球给向中间移动的 3，然后沿右边快下；

3 向内线抢位两步，然后向上切，接 1 的传球后从中路向前推进；

3 在弧顶上方传球给右侧的 1，然后向左侧翼为 2 建立掩护；

2 利用掩护向右侧内角切入，准备接 1 的传球；

1 在右侧翼接 3 在弧顶的传球，观察传球给切下的 2；

2 接球同时观察挡板队员，及时向左侧投球，见图 6-61。

2. 练习变化

2 接应球 1 的传球，在左侧进行配合；

1 掩护后下顺接切入队员的分球。

第七章　战术体系实战总结

马克思主义最重要的理论品质是，坚持一切从实际出发，理论联系实际，实事求是，在实践中检验真理和发展真理。下面对珍珠球运球突破移动进攻技战术理论的实践情况进行总结，从教练员、水区后卫位置队员、水区前锋位置队员、抄网位置队员和挡板位置队员五个角度总结实践经验。

第一节　教练员执教实战总结

一、比赛背景

我国少数民族传统体育的发展有着悠久的历史，珍珠球是少数民族传统体育运动的重要项目之一，具有增强人民体质，增进民族友谊，增强民族团结互助的功能。由广西壮族自治区人民政府主办，广西壮族自治区民族宗教事务委员会、广西壮族自治区体育局和崇左市人民政府承办的广西壮族自治区第十四届少数民族传统体育运动会，于 2018 年 10 月在崇左市举行。运动会遵循“平等、团结、拼搏、奋进”的宗旨，充分展示我区少数民族传统体育的魅力和运动水平，选拔和培养民族体育人才，弘扬民族文化，促进民族团结，进一步推动我区少数民族传统体育事业发展，为打好体育翻身仗，重振广西体育雄风做出新的贡献。作为革命老区百色市非常重视能够促进民族团结、全民健身的各项文体活动，特别是四年一届的全区民族传统体育运动会。接到比赛通知后百色市民族宗教事务委员会和体育局领导对百色学院珍珠球队代表百色市参赛非常重视，对百色学院珍珠球队进行了思想上的指导和任务上的委托以及资金上补助，学校领导为球队提供各种支持，教练组全力组织训练，尝试应用珍珠球运球突破技战术体系进行全方位训练，旨在全区民运会珍珠球项目上赛出风格、赛出水平。比赛也获得成绩和精神文明的双丰收，取得了百色市参加珍珠球男子组比赛历史最好成绩三等奖（第四名），球队运用运球突破移动进攻体系和百色精神拿下罕见的四个加时比赛征服了现场观众，吸引了崇左电视台采访报道，最关键是培养了一支听从指挥、能打胜仗的体育运动健儿。

二、球队团队建设

珍珠球队非常重视球队文化，认真选拔队员并进行团队建设。思想决定行动，行动表现态度，态度决定成绩。首先加强思想政治建设，熏陶“百折不挠，奉献拼搏，团结务实，争先创新”的百色精神，促使队员们很有冲劲，烙上百色革命老区那种不言败、不放弃的精神。其次，发扬百色学院优良传统，团结协作全队成员，在训练比赛中艰苦奋斗，把汗水和泪水洒在运动场，让青春在奋斗中尽情燃烧。再次是发扬“不怕苦、不怕累、不怕难”的体育精神。最后，发扬队员主观能动性，做到以身作则、有所作为、不负青春。这些都是球队具有韧性的内涵根本。

三、球队训练情况

球队成员全由百色学院体育专业学生组成，队员全部有一定的篮球基础，但对珍珠球只有初步的认识。三个月的集训遵循运球突破移动进攻战术体系，以运动员为本，科学贯彻“三从一大”训练原则，根据队员的特点和喜好调配场上不同位置。在教学中遵循 OBE 理念下的教学高绩效产出理论，与队员深入交流，了解队员的心声，激发队员的激情，以动态小群体教学法和成功教学法树立学生良好的主人翁意识。落实 OBE 教学理念，形成在训练中学习，在学习中提高教学能力，在教学中提高综合能力的良好循环。小快灵是百色市代表队的代名词，队员普遍精瘦，速度快，打法灵活多变。

在三个月的集训训练中球队不断克服困难，队员努力训练，提升珍珠球的技能水平，能够高质量完成训练任务，发挥了艰苦奋斗精神。训练中强调训练时间和训练效率，从基本规则、基础技术、基础配合、进攻战术、防守战术、特殊情况战术等进行了系统训练。通过训练球队整体性逐渐提升，掌握了全部基本规则，基础技战术都能灵活应用，队员个人组织训练能力提升很大，战术配合日臻合理。后卫队员能够很好组织全队进攻，阅读防守反应非常迅速；前锋队员的投射和突破能力日渐稳定高效；中锋队员的掩护、策应富有节奏，挡板队员拦截、发球、呼应越来越好；抄网队员稳定军心能力、抄网稳定性、配合能力达到很好水平。总之，经过训练运动员的心理素质、身体素质、技术能力和战术能力都有质的提升，为正式比赛打下了良好基础。

四、教练员实战总结提要

（1）思想政治教育摆在首位；

（2）以运动员为本，关注个性发展，强调集体纪律；

（3）战术理念放在训练的前阶段，并在每次训练中认真贯彻；

（4）产出为导向，把训练课特定时间设为队员实践平台；

（5）训练前花大量时间规划和准备，训练时按照计划训练，强调训练效率；

（6）训练前告诉队员训练内容及训练量；

（7）比赛前开准备会，引导队员主导发言；

（8）培养队员坚决执行布置意识和习惯；

(9) 突破技巧是训练的重要内容；

(10) 盒子战术如同菱形战术一样重要；

(11) 增加界外球战术训练；

(12) 关心队员，重视过程，每球必争，部署清晰；

(13) 端正态度，奉献拼搏，赛出风格，赛出老区精神；

(14) 下肢力量与灵敏性非常重要。

(15) 训练是比赛的缩影，比赛检验训练质量，树立训练第一观点。

(16) 团队使人成长迅速，树立队员感恩思想，感谢教练，感谢比赛，感谢队友，感谢对手。

第二节　水区后卫位置队员实战总结

一、强化基本功训练

孔子说："工欲善其事，必先利其器。"珍珠球运动制胜规律有别于篮球运动，对后卫队员在场上担任的职责有所变化，但对后卫要主动成为球队核心人物的要求没有变。珍珠球运动要求后卫队员具备非常扎实的传、运、投三项基本功，特别是在面对紧逼防守下的控球能力，而且还要能够在临场比赛中高效运用各种技术。厚实稳定的基本功是高效进攻的前提，是指挥全队进行战术配合的基础，是紧急情况坚决高效进攻的保障。要想培养后卫队员的基本功，一要选拔篮球基础好的队员，二要强化后卫队员的基本功训练，三要激发后卫队员自行加练的意识。

二、强化思想作风教育

"师父领进门修行在个人"，教练员在指导技战术之外思想作风教育同样非常关键，而最好的思想教育就是发扬学长、队长的模范带头作用，球队核心人物思想端正能很好保证训练效果。后卫队员往往是球队的场上队长，一言一行直接引领全队的整体作风，加强后卫队员思想作风教育就是加强全队的思想作风教育。

例如：核心后卫队员李祯校，作为集训时大四的三位学长之一，训练刻苦主动，积极加练，作风顽强，具备很强为集体争取荣誉的高尚品质。担任球队首发后，以身作则，带动队友训练，认真执行教练员的所有安排。帮助大家明确位置，强化个人特点，弥补个人不足，调动大家各司其职，发挥团队凝聚力，做到把思想作风教育渗透到训练场上、比赛之中。训练和比赛期，对自己的饮食、休息进行高标准的要求，保证了训练质量，增强了身体素质。在比赛关键时刻，能站出来帮助球队得分，在比分落后的情况下，能冷静地处理球，能组织好每次进攻。

针对性加练是他进步关键。在贯彻教练制定的训练计划之外，他给自己提出要求，制定训练计划。一则训练时保证质量，二则在训练中增加练习组数，三则在休息时不忘原地球性训练，四则在训练前提前预习训练内容，五则注重提升弱项技术和身体素质，六则是周末自己加练。技术训练是循序渐进的过程，运球技术、传球技术、突破技术及突破后的滞空投球技术都需要长时间的积累才能有质的变化，才能在临场比赛中临危不乱展现真实水平，进而创造出精彩的进攻配合。特别是突破后的投球，需要反复训练，在筋疲力尽时咬牙训练，在状态不好时激励自己训练，在高于比赛防守强度中训练，旨在提升个人实战能力。除以上练习之外，还提升与抄网手配合默契度。

三、后卫位置队员实战总结提要

（1）拓宽传球视野；

（2）强化左手突破能力；

（3）提升 2 分球投射能力；

（4）提升身体素质和对抗能力；

（5）提升运球突破技术；

（6）反复演练战术配合，利用实战检验战术配合，阅读防守快速灵活变化；

（7）比赛中强调战术配合，目的明确，保持耐心，保证效率，切勿陷入单打个人主义模式；

（8）牢记教练执教理念，珍惜比赛，享受比赛，赛出精气神。

第三节　水区前锋位置队员实战总结

一、重视战术训练

前锋队员担任着球队进攻的主要任务，是球队战术的配合发动队员，也是球队战术配合重要终结队员，前锋队员的进攻能力和执行战术能力直接决定着全队战术的成功率。个人强劲单打能力是个人自信心和全队进攻效率提升的基础，当全队队员愿意放弃个人表演主动分享球时，全队气氛和凝聚力就会得到质的提升。前锋队员执行战术运球突破后，不仅要能够个人投 1 分球，而且要能创造 2 分球投球机会，还要能为队员创造 2 分球投球机会。

二、增加运球突破进攻的技巧

训练是比赛的预演，没有良好场下训练基础，不可能在场上有很好的表现，有意识刻苦雕刻运球突破技术，一定能在比赛中无往不利。前锋队员肩负冲锋对方的防线的重要任务，没有运球突破能力就不可能突破防守，就不能取得很好的进攻效率。所以在运球突破移动进攻体系中，前锋必须具备扎实的脚步移动能力、厚实的原地运球能力、稳定的基础运球突破能力、灵动高阶的运球突破能力。掌握以上技能不是一蹴而就的事情，需要树立运球突破高效进攻的意识，必须长期坚持基础训练，不断地增强身体素质，所有突破从实战出发且遵循团队战术体系原则。。

例如：前锋队员黄绅贵，认真执行战术配合，狠抓身体素质训练，主动加练突破技术，特别是高手体前变向换手运球技术运用得炉火纯青。训练时常向队友发起对抗挑战，信心和技术收获很多，在比赛中耐心执行战术配合，关键时刻多次上演精彩表演，帮助球队获得胜利。

三、前锋位置队员实践总结提要

（1）强调防守，防守能力提升带动进攻能力增强；

（2）提升突破对抗能力；

（3）加强突破技术，高手变向非常实用；

（4）准备好每场比赛，在赛前准备会中发言；

（5）深度分析对手；

（6）依靠球队并主动有意愿成为球队的进攻尖兵；

（7）第一时间分球给机会最好队友；

（8）坚决执行战术配合，耐心发动战术配合，果敢终结进攻。

第四节　抄网位置队员实战总结

一、抄网手应该具备的能力

抄网队员需要具备一定天赋和强大心理素质，与水区进攻队员默契配合的能力，晃过挡板队员封堵的假动作能力，通过启动、起跳、转身、跨步、急停、急起等脚步精准抄球的技术能力。高水平抄网队员能够准确判断来球时高弧线远球、高弧线中距离球、高弧线近距离球、反弹球和地滚球，并能快速做出调整及时到达球的运行线路上。比赛中大部分得分是高弧线远球，球越过高高跳起的挡板队员后，抄网队员也需要高高跳起，在空中滞空时高度控制身体才能保证有效抄网命中率。所以，抄网队员的身体素质要非常好，既要有良好的爆发弹跳力、空中滞空能力、快速移动能力、良好的协调性、快速的反应能力，还要有高超的技战术水平和敏锐的场上嗅觉。通过实践经验可知，抄网队员是一支球队的灵魂，一名好的抄网队员能够让球队发生质的改变。

二、抄网手和水区队员的配合

球队组建初期队员之间不熟悉，团队协作能力一般，心理上有一定的隔阂和不信服，训练执行力不足效率较低。为了改变状态，球队围绕抄网队员制定了训练后沟通进步环节，抄网队员带领大家每次训练后进行总结发言，在总结交流中球队增加了了解，提高球队成员间的默契。团队沟通能力增强后，场上的交流方式也增多了，使用眼神、手势、口令沟通逐渐频繁起来并且效率越来越高，这些都需要在日常训练中积累和磨合。抄网队员主动指示投球选择，指上投高抛 1 分球，指下则是击地投 2 分球，大喊则是投击地球，球队做到默契统一。抄网队员根据队友投球特点和习惯提前预判投球线路，通过眼神等信号提前知悉投球线路。

抄网队员与水区队员共同熟悉球队菱形战术落位战术、盒子落位战术、界外球战术等，是战术配合能否成功关键。如盒子落位战术，水区队员按照长方形站位，左右两边同时进行有球与无球挡拆配合，从而利用同时出现的空位，迫使防守队员无从防守。而在投球时需要水区队员与抄网手进行配合，由抄网队员带动水区队员选择 1 分球还是 2 分球投球，通力配合从而选择最有效的投球方式。

三、提升全队凝聚力和心理素质

球队是一个整体，团队的配合依靠平时训练，默契的提升需要高水平的比赛考验队员的技术水平和战术执行力。高水平比赛中打出战术配合能够快速提升队伍对战术体系的自信心，不仅能使队员不畏惧比赛，而且让队员体会每一次进攻是多么美妙，应该珍惜每一次进攻。

设置大量比赛环节模拟比赛紧急场景锻炼队员的心理素质，在锻炼中不断给队员心理指导，做到相信队员，依靠队员，让队员充满希望与信心。在球队中强调责任担当，强调勇往直前，遇强而上，遇弱不轻敌，关注比赛过程，强调打出特点，打出团队配合，打出百色精神。良好心理来源于高水平的训练和队员对身体的管理，保持良好的生活习惯，赛场内外都真诚对待自己，把最好的状态留给训练和赛场。良好心理状态来自相互鼓励，抄网队员强化技能让队友相信能接到每个投球，给全队一种安全感，主动担当失误，形成良好的氛围，提升团队凝聚力。

认真分析对手，做得到有备无患。面对传统强队崇左队、南宁队和广西民族大学队，队员内心难免有所波澜，但是要相信自己的训练成果，做到不怯场、不服输，以最好的状态去面对强劲的对手。面对不同的对手心理状态有很大不同，面对强大对手会让队员非常兴奋且斗志昂扬，能够逼出最强的竞技状态；面对实力稍弱的对手往往内心轻视很难打出高水平的比赛，消耗体能很大。每场比赛赛前要进行非常充分的准备会议，赛中要灵活应变快速做出决策，赛后的总结要如同赛前准备会议一样重视，确保比赛的锻炼效果，形成良好的全身心投入比赛的团队作战氛围。

例如：抄网队员欧阳声烈，训练时十分重视团队建设，把队员凝聚在一次，每次抄中队友好的投球都会给一次鼓励的眼神或手势；球队总结时每次第一个发言，以大师兄的身份和关爱态度指导、鼓励每位队员，时常加练身体素质，特别是核心稳定性方面；心理素质训练中，组织全队训练，琢磨心理调整方法，凝聚团队协作攻坚克难能力，做到训练中全力以赴，场上自信满满，每球必争。

四、抄网位置队员实战总结提要

（1）跳的要高，抄的要准确，落地要稳；

（2）在与高水平队伍对垒时，有勇气、有底气、有自信、不怕失败也永不放弃；

（3）每次比赛及时反思总结，首先提升长处，其次才是弥补不足，做到自信高效训练；

（4）场上一条心，场下要自律，强调自我约束，也要带动队友自律，相信球队多自律，就有多成功；

（5）承认自己的不足，但绝对要有决心，一定能弥补不足，强化长处；

（6）与队员打成一片，在良好的友谊氛围中训练，团结协作共同进步；

（7）参加大量的比赛锻炼心理素质，掌握个人心理调控技巧和方法；

（8）鼓励队员多投高弧线远球，遇到好机会坚决投击地球；

（9）融入全队战术训练，提醒全队进行战术配合。

第五节　挡板位置队员实战总结

一、挡板队员的技术特点分析

挡板队员是球队防守的最后关卡，一旦被攻破只能任由对方抄网得分。挡板队员需要具备强悍的身体素质，强劲的爆发跳高能力和快速移动能力，还要具备观察能力、判断能力和快速反应能力。两名挡板队员要通力配合责任分工明确，一名主要防守高弧线球，另一名主要防守击地球。反应快的落位左边主要负责挡截击地 2 分球，跳的高的落位右边主要负责拦截高弧线 1 分球。两名挡板队员侧身把抄网队员夹在中间，既观察水区进攻队员，又盯紧抄网队员，限制对手投击地 2 分球。专项能力训练需要制定针对性的弹跳能力和反应能力训练，快速提升队员起跳能力和判断观察能力。增加挡板队员的沟通交流环节，提升队员间该拦截则拦截、该让则让的默契配合能力。挡板队员与水区队员通力合作，事先确定防守逼停投球点，缩小投球范围。确保挡板队员是以挡为主，把球拦截下来，发球给队友进攻，而不仅仅是拍出界外或捅出界外。挡板队员发球技术是容易被忽略的，一旦对手紧逼发球，发球质量不高就很容易陷入被连续抢断的麻烦之中，也将直接导致比赛失利。所以挡板队员既要精通挑发球技术，又要掌握好头上发球技术，确保安全快速发球。

二、挡板队员比赛任务

挡板队员能够清晰观察到对方的进攻策略和本方防守质量，必须肩负起全队的战术观察员一职，为球队提供更多的提醒和战术指导。及时阅读到对方队员全场紧逼防守或伺机抢断的举动，提醒全队警惕起来。挡板队员发球首先要稳，切记不能发球失误，一旦发球失误直接面临被打 2 分的威胁，而且随之而来的是面对对手再一次的紧逼发球。挡板队员在关键时刻必须时时保持警惕，不能掉以轻心，即使被对手得分了也需要稳住自己的心态。遇到紧逼发球要带领全队稳定下来，在平时努力训练中就需要时刻注意。紧急时刻，先要思路清晰静心分析对手；其次要主动迎接困难，体会紧张比赛带来的乐趣；最后是要坚决执行战术部署，形成合力破解对方的紧逼防守。挡板队员拦截到对方的投球后，第一时间发球给接球机会较好的队友，避免防守队员紧逼落位成功。

三、挡板位置队员实战总结提要

（1）注意放松身体，同时要调节放松精神疲劳。

（2）看紧抄网队员，严防对方 2 分球投球，全力拦截每个 1 分球投球。

（3）对内训练要积极主动，硬碰硬任何一名队员，激发队友的进攻欲望，锤炼队友的进攻技术。

（4）挡板队员之间配合需要眼神交流及时呼应、反馈，做好赛前、赛中、赛后的交流。

（5）稳定竞技状态，把最好的状态留给赛场。

（6）拦截击地球主要以反应灵敏、快速冲刺为主，观察对手眼神以及出手动作，及时反应加速冲刺将球拦截；

（7）提升快速挑发球能力，促进球队进攻速度，锤炼头上发球技能，破解对方的全场紧逼防守。

（8）挡板队员融入全队战术训练，及时提醒队员优化战术配合。

参考文献

[1] 蒲西安. 珍珠球运动教学与训练 [M]. 成都：西南交通大学出版社，2013.

[1] 习近平. 决胜全面建成小康社会夺取新时代中国特色社会主义伟大胜利 [M]. 北京：人民出版社，2017.

[2] 王禹平. 发展体育运动为人民日益增长的美好生活需要而努力 [N]. 中国体育报，2018-06-04 (06).

[3] 崔乐泉. 中国少数民族传统体育 [M]. 贵阳：贵州民族出版社，2011.

[4] 曾天雄，聂民玉，孙月红. 马克思主义哲学教程 [M]. 北京：北京工业大学出版社，2004.

[5] 张学领. 篮球运球突破移动进攻 [M]. 西安：西安交通大学出版社，2016.

[6] 靳茁，咸云龙，张宁. 全国少数民族传统体育运动会竞赛项目教学训练丛书 珍珠球·高脚竞速 [M]. 银川：宁夏人民出版社，2011.

[7] [日] 高哲朗. 图解篮球个人技术基础训练 180 项 [M]. 陈希，译. 北京：人民邮电出版社，2016.

[8] [美] 瑞恩·古德森. 青少年篮球训练精要 [M]. 毕成，徐勇捷译. 北京：人民邮电出版社，2017.

[9] [日] 高哲朗. 篮球战术图解基础练习与实战应用 [M]. 洪欣怡，彭帆，译. 北京：人民邮电出版社，2017.

[10] 马振洪，张云. 篮球个人技术全图解 [M]. 北京：北京体育大学出版社，2006.

[11] 邓万里，李晓. 民族体育珍珠球·蹴球运动教学与训练研究 [M]. 长春：吉林大学出版社，2014.

[12] 殷俊，马昆. 珍珠球运动 [M]. 昆明：云南大学出版社，2013.

[13] 胡良玉. 满族传统体育项目“珍珠球”的传承与发展 [J]. 体育科学，2013 (5)：94.

[14] 丁仁涛. 影响我国珍珠球运动发展的因素分析及对策研究 [J]. 河南财政税务高等专科学校学报，2009 (6)：89.

[15] 苏彦炬. 珍珠球技战术分析 [J]. 河北经贸大学学报（综合版），2011 (2)：121.

[16] 张学领，汪明海. 现代篮球掩护配合训练方法 [J]. 青少年体育，2015 (2)：97-100.

[17] 何国丰. 珍珠球运动研究 [D]. 哈尔滨师范大学，2009：17.

[18] 陈云云，张玉，胡 娟. 新时代习近平关于体育工作重要论述探析 [J]. 武汉体育学院学报，2018 (5)：5-10.

[19] 马月群，李洪，文展. 珍珠球进入高校公共体育课堂的实践方案探析 [J]. 科教文汇（下旬刊)，2016 (02)：92-93.

[20] 李超群. 珍珠球引入高职院校体育选项课可行性分析 [J]. 时代农机，2017，44 (11)：252.

[21] 郑立杰，赵志明，赵宏，等. “珍珠球”运动的身体意义与价值研究 [J]. 体育科技文献通报，2019，27 (02)：147-148.

[22] 李美娟. 全民健身视角下珍珠球发展与推广的价值研究 [J]. 体育科技文献通报，2017，25 (05)：136-138.

[23] 钟红燕. 满族传统体育项目“珍珠球”的历史演变与当代价值 [J]. 中央民族大学学报（哲学社会科学版)，2015，42 (01)：118-121.

[24] 陈立华. 满族传统体育文化及其当代价值研究 [J]. 黑龙江民族丛刊，2016 (05)：164-168.

[25] 彭迪，宋智梁，张良祥. 黑龙江省少数民族体育非物质文化遗产传承发展与实证研究 [J]. 黑龙江民族丛刊，2016 (04)：154-158.

[26] 安宁. 略述清代东珠采捕与打牲乌拉 [J]. 黑龙江民族丛刊，2015 (03)：78-82.

[27] 李国兴，范志勇. 广东省民族传统体育项目珍珠球运动开展现状与对策研究 [J]. 广州体育学院学报，2014，34 (04)：36-39.

[28] 柴国荣，王蕾，薛宇. 对全国少数民族运动会成绩特征及发展趋势的研究 [J]. 北京体育大学学报，2014，37 (06)：43-48.

[29] 张学生. 满族传统体育项目“珍珠球”述考 [J]. 兰台世界，2013 (30)：66-67.

[30] 胡良玉. 满族传统体育项目“珍珠球”的传承与发展 [J]. 体育与科学，2013，34 (05)：91-94.

[31] 赫金鸣. 满族珍珠球运动传承研究——少数民族体育类非物质文化遗产的视角 [J]. 满族研究，2012 (04)：64-69.

[32] 习近平. 决胜全面建成小康社会夺取新时代中国特色社会主义伟大胜利——在中国共产党第十九次全国代表大会上的报告（2017 年 10 月 18 日） [N]. 人民日报，2017-10-28 (001).

[33] 中华人民共和国中央人民政府-全民健身 [EB/OL]. (2012-04-19) [2019-07-03]. http：//www. gov. cn/guoqing/ 2012-04/19/content_ 2584197. htm.

[34] 习近平会见全国体育先进单位和先进个人代表时强调发展体育运动增强人民体质促进群众体育与竞技体育全面发展 [N]. 人民日报，2013-09-01 (01).

［35］习近平回到母校看望师生 祝贺节日快乐［EB/OL］习近平看望北京市八一学校师生回忆 3［EB /OL］http：//www. chinanews. com/gn/2016/09-11/8000821. shtml.

［36］曹昆，白宇. “铁杆体育迷”习近平［EB/OL］http：/ /politics. people. com. cn / n1 /2017 /0119 /c1001-29036278. html.

［37］习近平．广泛开展全民健身活动，加快推进体育强国建设［EB /OL］http：//cpc. people. com. cn/xuexi/n1/2018/0819/c385474-30237186. html.

［38］国家体育总局．国家民委关于印发《关于进一步加强少数民族传统体育工作的指导意见》的通知［EB /OL］http：//www. seac. gov. cn/seac/xxgk/201801/1072663. shtml.

［39］中华人民共和国中央人民政府第十一届全国少数民族传统体育运动会开幕 汪洋出席［EB/OL］http：//www. gov. cn/xinwen/2019-09/09/content_ 5428415. htm.